ポイエーシス叢書
71.

沖縄思想のラディックス

仲宗根勇・仲里効 編

未來社

沖縄思想のラディックス◆目次

装幀——戸田ツトム

沖縄思想のラディックス

総括的まえがき　二〇一六・一二・二六　繰り返された民衆裏切りの政治史〜枯死する闘う民意

仲宗根　勇

本書に収められた六人の論者の論考は、未來社の広報誌「季刊　未来」に二〇一五年冬号から二〇一七年冬号に、「オキナワをめぐる思想のラディックスを問う」と題して、リレー連載されたものである。

各論者が展開している「思想」のラディックスとして、論者の問題関心に添って「沖縄の現在」を規定している歴史、政治、思想、文化の諸問題について各号で多面的に論じられてきた。

「返信」という特殊な形をとる川満信一論考以外の各論考の背後に直接間接に通底するRadix（根源）は、辺野古新基地建設問題である。その問題は、一九九五年の米兵三人による少女暴行事件を契機に、沖縄の米軍基地再編をめぐる日米関係の最重要の外交的課題として浮上し、翌九六年四月、日米両政府の間で普天間航空基地を五年ないし七年以内に全面返還することが合意されて以来、現在に至るまで沖縄＝日本の最大の政治的争点として存続してきた。

国と沖縄県との間の辺野古新基地建設をめぐる違法確認訴訟について、最高裁で県の上告が棄却され、県の敗訴が確定した二〇一六年十二月二十日の六日後の十二月二十六日、翁長知事は、前年十月十三日に自身がした辺野古埋め立て承認取り消し処分を取り消した。

新聞編集者が意識的にした結果かどうかは知らないが、知事が破天荒な行政行為をした歴史的な日というべき「一二・二六」後の沖縄の政治世界の構図を、二〇一七年一月五日の「沖縄タイムス」の一面の紙面構成が、ブラック・ユーモア的に鮮明にあぶり出したのだ。

「辺野古海上作業を再開」と白抜き・横書きの大文字が踊り、縦書きで「国、10ヶ月ぶり強行オイルフェンス設置」「抗議の8人　一時拘束」と題したトップ記事には、海上保安庁が警備に当たるなか、海上でオイルフェンスの設置作業が進められているカラー写真がつけられている。「名護市辺野古の新基地建設に向け、沖縄防衛局は4日、ことしの作業を始め、米軍キャンプ・シュワブの沖合にオイルフェンス（汚濁防止膜）を設置した。海上作業は昨年3月の工事中断以来初めてで、10ヶ月ぶり。工事を強行する姿勢が鮮明になった。」として海上保安庁がゴムボート一〇隻で警備に当たり、海保とカヌーに乗った市民との衝突も昨年（二〇一六年）三月以来となった、などと伝えた。

そして、その記事に続くすぐ下の紙面中央には「知事　新基地阻止へ決意　年頭あいさつ全国的議論に期待」との見出しの下で、次のように掲載されている。「翁長雄志知事は4日、庁内放送による職員向けの年頭あいさつで、名護市辺野古の新基地建設問題に関し『新基地は造らせないことを県政の柱に、県が持つあらゆる手法を使って取り組む』と述べ、辺野古新基地建設阻止に不退転の決意で臨む考えを示した。」

（同日の「琉球新報」の一面トップ記事も「『新基地阻止、県政の柱』知事　年頭あいさつで決意」と掲げ、辺野古「汚濁防止膜　海に再設置」と「沖縄タイムス」と同じ内容だが、タイムスほどには再開された工事の強行性について強調していない。その結果、タイムスが明示した工事再開の強行性と知事あいさつとの非対称性は巧妙にぼかされている。）

前知事がした辺野古埋め立て承認を翁長知事が取り消した行政処分を自ら取り消した公文書は、翌二十七日沖縄防衛局に送達され、その日、前知事の埋め立て承認の効力が復活した。二十七日午後には沖縄防衛局がさっそく工事を再開した。こうして知事自らの行政行為の結果として、年末からの工事が進められている一方で、知事は「新基地阻止への決意」を述べたが、その阻止のための実効性のある手段・方法は具体的には明らかにされなかった。こうして、現実の工事進行の事実と知事挨拶との齟齬・矛盾感は誰の目にも明らかであった。インターネット上では「詭弁だ」との論説も見られた。「『（翁長知事が）新基地は造らせないと改めて決意を固めた』といいながら、自ら工事再開を復活させた言動の不一致を理解するのは難しい。（「想い風」「沖縄タイムス」2016.12.31）」と直言する平安名純代記者の論評は、当然ながらネット上でも多くの読者の共感「いいね」を集めていた。

翁長知事は、前知事の埋め立て承認を検証するため、識者に嘱託して第三者委員会を二〇一五年一月二十六日に設置した。約六ヶ月後に瑕疵ありとの報告書が委員会から提出されたあと、知事が同年十月に承認取り消しの行政処分をするまで約九ヶ月もの時間と識者の知見の集積を要していた。

しかし、同じ取り消し行為であるのに、今回は、最高裁判決後実質三日後（二十三〜二十五日の三連休を除く）、那覇空港での記者団の質問に答えるかたちで取り消し処分の取り消しを発表するという、県民に対する説明義務をまったく尽くさない異常なものであった。その日の午前中、翁長知事は警察に厳重に警備され、ＴＶカメラを抱えた本土からの多数の取材陣が群がり騒然とした知事公舎の中で自民党の二階幹事長と会談していた。私は以前から準備していた承認の取り消しの取り消しをしてはいけない旨の知事宛の要請書を持って、仲間とともに県庁に出向き関係部署の県庁幹部四人と面談し、内容を説明し要請書を手渡した。その要請事項は、「第1　名護市辺野古の埋め立て承認取り消しを巡る不作為の違法確認訴訟の敗訴確定後に知事は埋め立て承認取り消しを取り消さないでください。第2　知事は前知事のした埋め立て承認の撤回を適時に必ず実行してください。」の二点であり、要請事項第一の要請理由は、以下の五点であった。

「（1）確認訴訟判決に執行力はありません。それゆえに確認訴訟の確定判決に従わなくても何ら問題はなく、判決で敗訴者を強制する力はありません。
（2）この確認訴訟は3月4日に成立した和解条項第5項または第6項に基づく訴訟ではありません。したがって第5項または第6項の訴訟の存在を前提にした和解条項第9項の適用もありえません。
（3）知事が自らした取り消し処分を取り消す法的義務はこの敗訴判決からは生じません。また法廷で知事が裁判長や国の代理人の尋問に対し「判決の結果に従う」旨述べたのは単なる「陳述」であって「法律上の主張」ではありませんから、その陳述内容に覊束されることもありません。「法律上の主張」としてなされたものしか覊束力はありません。
（4）取り消しを取り消すとその法的効果は、即座に前知事の承認が復活し工事再開に結びつき、工事阻止を最終的に不可能にするほどの絶大なものです。
（5）工事再開後の県知事の権限行使について、この違法確認訴訟の提起から現在に至るまでの政府の声明や対応を考慮すると、政府が和解条項第9項を盾に権限行使を認めず工事を強行することが危惧されます。」

そして、要請事項第2の要請理由は、「行政行為の撤回は行政行為の取り消しと異なり、根拠規定がなくとも行政行為の主体がいつでも撤回権を行使できます。知事が適時の撤回をされるようお願いいたします。」というものであった。

十二月二十六日に知事が「取り消す」との情報が流れ、その日の早朝から県庁ロビーには一〇〇人余の県民が結集した。その後、私を含む約三〇人の県民が知事公舎前にも再結集していた。公舎入口には警備の警察官や県庁職員らが厳重に柵を挟んで阻止線を張り、取り消しをやめるよう声をあげて知事に訴える県民が、柵内の敷地内のすぐ近くにあるトイレの使用を願っても県庁職員に拒否される始末であった。

翁長知事が県民に説明なく、またこれまでの慣例に反して知事と県政与党との間になんらの協議・相談もなく（この事実について私は与党幹部議員に確認した）、県庁や知事公舎前で叫ぶ県民の声を聞かず、隠れるようにあたふたと埋め立て承認の取り消しの取り消しをしたのは、何故か。翁長知事が安倍官邸の圧力に負けたか、官邸の要求を了解したのだろう。すなわち十二月二十七日早朝から安倍晋三首相が米ハワイの真珠湾を慰霊のため訪問し、オバマ大統領との二十八日午前（現地時間二十七日午前）の会談で、首相が大統領に対し、二十日に最高裁が県敗訴の判決を言い渡し、翁長知事が埋め立て承認の取り消し処分を取り消したことを受けて、工事を再開したことを報告したと報道された。この日の日米両首脳の会談日程に間に合わせるために、安倍官邸が翁長知事にあの手この手の圧力・脅しをかけて、ぎりぎりのタイミングで、会談の前日の二十七日に工事再開の形をとったことになる。工事再開をもって、オバマ大統領の退任の花道を飾り、同時に次期トランプ政権へのメッセージともしようとした安倍官邸の外交戦略でもあったであろう。二階幹事長が来県、知事公舎での会談の真の目的もこのタイミングで知事にプレッシャーをかけることにあったのではないか。同じ十二月二十六日の午前に中山義隆石垣市長が、突然の記者会見で石垣への自衛隊配備の受け入れを発表した。安倍官邸と政治思想的にも繋がる中山市長を容易に巻き込むことにより翁長知事の突然の「取り消し」の不自然さ・不可解さを県民の目から逸らそうとする安倍官邸のいつもの巧妙な政治戦略が透けて見える。

一二・二六後の翁長知事の政治的＝行政的対応の結果が否応なしに辺野古現場の闘いに影響することは避けられない。工事再開後に、原点に戻って建設阻止のためにあらゆる手段を講ずるという翁長知事の本気度は一二・二六後において試される。裁判の「結果」や「行政の限界」論を理由に、住民の代表者・首長の権力によって幾度も繰り返された民衆裏切りの政治史によって、沖縄の闘い＝平和・反基地の民衆運動は、運動の絶頂期においてあっけなく幾度も崩壊させられ、民意は戦わざる民意へ変容し立ち枯れた。近くは二〇一三年選挙公約に反する辺野古埋め立て承認をした仲井眞弘多知事、一九七二年復帰直後からのＣＴＳ問題をめぐる革新・屋良朝苗知事の「非革新」的行政対応、一九五四年以降の土地を守る四原則の島ぐるみ闘争で、土地問題渡米折衝団団長も務めながら、のちに『軍用地料一括払い』賛成に転じた当間重剛行政首席、一九九七年名護市の住民投票の結果を反故《ほご》にして海上へり基地建設を受け入れた比嘉鉄也名護市長などなど、文字通り枚挙にいとまがない。

私は本書の「島の政治的宴のあとで」のなかで、翁長知事を誕生させた「オール沖縄」が今後の沖縄の政治世界において存在感を高め主導的地位を確立できれば政治指導者が最終的に民衆を裏切った戦後沖縄の〈裏切りの政治史〉に終止符を打つことができるかもしれないと書いた。

だが、「オール沖縄」への期待もむなしく、一二・二六の翁長知事のある意味でのクーデター的行為は、戦後沖縄の民衆裏切りの政治史に新たな一ページを書き加える事になるのか。十二月二十六日の会見で翁長知事は「原点に戻り、新たなスタートを切って必ず新辺野古基地は造らさない」と国と戦う姿勢を強調した。同時に「工事再開の前に事前協議を求める」と強いポーズを見せながら（翌日二十七日、翁長知事は首相官邸で官房長官と会談したさいにこの事前協議を求めたが、官房長官はにべもなく協議を拒否した）、辺野古新基地建設阻止どころか事実上建設が推進されて工事が完成してしまう悪夢が脳裏をかすめる。工事再開後に県が予定している公有水面埋立法に基づく知事権限の行使のほか、承認の撤回さえも、確認訴訟提起前から国が主張し画策してきた和解条項9項の拘束力の有効性＝適用を理由に対抗される可能性がある。

現在、とくに現場で戦っている県民の間では「承認の撤回」を早急にせよとの世論が高まっている。行政行為の撤回とは、「その成立に瑕疵のない行政行為について、公益上その効力を存続せしめ得ない新たな事由が発生したために、将来にわたり、その効力を失わしめる独立の行政行為」（田中二郎：行政法総論）のことだ。以前から知事が視野に入れていた埋め立て承認の撤回を工事中止期間中にしておれば、県は撤回訴訟を優位に展開できただろう。しかし、事情が変遷し公益に適合しないことになった場合に行政庁がいつでも、自由に行政行為を撤回できるとはいえ、一二・二六で知事自身が工事再開を認めてしまった現在、国は撤回訴訟をその前段階での行政不服審査法の三度目の濫用手続きなどをも踏んで、撤回の無効確認を求める本体の訴訟および撤回の効力の一時停止の申し立てをして、撤回の効力を停止させ、本体の訴訟も故意に長期化させ、その間に工事をじゃんじゃん進めるはずだ。工事を進めれば進めるほど、既成事実の総量と公益の重大性を天秤にかける撤回訴訟において、既成事実が重ければ、県の勝訴の見込みはほとんどゼロに近い。

一二・二六の知事の「取り消し」行為の結果の重大性を「オール沖縄」の面々が無視ないし軽視し、翁長知事が今後の法廷闘争に勝利するために適時有効になすべき行為の時間を無為に費やせば、抜き差しならぬ状況のもとで辺野古新基地建設工事は「粛々と」進められていく。

それに加え、教員採用試験や教育庁の幹部人事への介入疑惑による安慶田副知事の二〇一七年一月二十三日の辞任劇である。これは、翁長知事が二人の副知事に保守系で選挙論功的な「お友達」を据えた結果として招いたとも評すべき、翁長県政崩壊の序曲ともなりかねない事件である。安慶田副知事は県の代表者として、辺野古新基地問題で安倍官邸との交渉役を担い、菅官房長官とたびたび秘密裏に会っていた。二〇一五年八月から九月にかけての一か月間の工事中断・集中協議を取り決めたり、二〇一六年十二月十五日から工事再開されたシュワブ隊舎二棟の建て替え工事を国・県の作業部会で容認したりした。隊舎の陸上工事の容認をしたとの報道に接し、安慶田副知事に政府との窓口を一手に任せる危険性・危うさについて、私は高江の集会の挨拶で幾度も述べたことがある。安慶田副知事が県益で動いているのではなく、官邸に取り込まれているのではないかとの疑いからの発言であった。その意味では、安慶田副知事辞任の結果は今後の辺野古新基地建設をめぐる県と国との協議や交渉において必ずしも沖縄県にとってマイナスになるとは限らないだろう。

しかし、いまなお、現場に集まった市民は相変わらず「建設絶対阻止！　頑張ろう！」とある意味で楽観的にすぎる歌、演説、シュプレヒコールを続けている。一二・二六によって結果的に辺野古の戦いに終止符が打たれていたことに人々が気づいたとき、一二・二六は辺野古の戦いの歴史的な転換点として改めて記憶されるであろう。

しかし、時は動き、世界は変わる。従来日米関係に影響力を及ぼしていたリチャード・アーミテージのようないわゆる「ジャパン・ハンドラー」たちが、「アメリカ第一」主義をかかげ、自由・人権の価値など世界のパラダイムを無視し、排外主義政策を矢つぎ早に持ち出しているトランプ政権によって影響領域から排除され、外交チャンネルが変わったあとの新しい日米関係の展開のありようと国際世論の変化、国内的には安倍内閣の経済失政や憲法改悪・安保法制の危険性が国民に広く認識されたときの内閣の命脈が尽きる可能性と自民党内の反あるいは非安倍派閥の動向、野党統一・共闘の成否などなどの内外の政治環境の変化が、時の経過するなかで、沖縄にとって神祐天助となることもあり得るだろう。

今後、沖縄を取り巻く状況がどう変化しようとも、高江オスプレイ基地警備に動員された若い大阪府警機動隊員らの「土人」、「シナ人」発言ではしなくも顕在化した、変わらざる沖縄差別と闘いながら、過酷な沖縄戦体験とその継承に根ざした沖縄の自己決定権を追求し自立社会を構想する、平和と基地撤去を求める沖縄の民衆運動が止むことはない。

国家の三権分立の組織原理が崩壊し、行政の下僕と化した昨今の裁判所や劣化し無力化した国会を操縦する、肥大しファシズム化した行政の暴圧が一斉に沖縄に襲いかかろうとも、日本国憲法の憲法原理と抵抗権を行使し続ける辺野古・沖縄の主戦場に終わりはない。

第一部　〈オール沖縄〉の生成と変容

南西諸島防衛構想とは何か　辺境から見た安倍政権の生態

八重洋一郎

敗戦が分かった直後、私はいつも一緒に遊んでいた疎開先の少し年上の台湾の少年から思い切りコマのひもで殴りつけられたことがある。これは本人の私は覚えておらず五歳年上の姉の記憶。

台湾から石垣への引き揚げ船の生命《いのち》がけの航海についても母や姉たちの話で聞くだけ。その私は脳の発達が遅かったのか、それとも言葉をその対象と結びつける能力が劣っていたのか、とにかく変な子供であったのは間違いない。

例えばそれは「泥棒（八重山・石垣方言ではヌストゥル）」と言えば私は鹿か何か、いつか絵本で見たことがある動物を連想したのだ。いや連想という軽いものではなく、「ヌストゥルヌ、アッコンバ、ムチハレールンガシャール（泥棒がおいもを盗っていったようだ）」という言葉から、私は四つ足の動物がイモを食べている場面を直覚したのである。

そのような頭が「アメリカ〜」という言葉を聞いた時の反応をここに記そう。それは山羊（方言でピビジャ）のような形をして真っ白で、その上長いヒゲをたらしツノさえ生やしているのである。それではピビジャそのものではないかと言われるかもしれないが、いや、それは決してピビジャではなく、遠い遠い月の彼方の世界からやって来た真っ白い顔の、目が青く透き通った不思議な珍しい生き物なのだ。それがジープの後ろに――そう、ジープは時々見かけたので言葉と実物が一致していたものと見える――ちょこんとすわってじっと私を見つめているのだ。私はそのアメリカ〜を摑まえようとジープを追っかけて走り出す。周囲の大人たちや年上の子供、少しませた同年齢の子供らが使う言葉をきれぎれに綴り合わせ、その言葉と外界を「変な脳ミソ」が変なふうにつないでいたのだと考えられる。しかし私はそれが変な世界であるとは一瞬さえ思わなかったし――私の周りには色々な生き物が棲息し面白い世界を形づくっていたが――そして今でもその変な世界をありありと思い起すことができる。それもまた変な話だ。

そのような子供が真っ白い月の世界から来た「アメリカ〜」と出会う。これが私の一番基本的なアメリカ人経験である。ことほどさようにこの八重山・石垣島ではゆっくりした時間、長閑《のどか》な空気が流れていたのだ。

米軍は確かに勝者・占領者としてやってきて島を支配し占領行政を押しつけただろう。しかしそれは大人の世界で、子供たち、そして庶民はその日を生きるのに精一杯でアメリカ支配を直接には感じず、「あめりかのめぐみたふとし……」であったのではないか。もちろん戦争の痛手は絶大であったが。

米軍支配者のいる場所を「民政官府」と言っていたがその居住地はせいぜいが小学校の敷地ほどで、その中に一棟か二棟の洋館があり大尉ぐらいの民政官が家族と一緒に住んでいるのであった。そしてその民政官もはなはだ退屈であったのではないか。例えばクリスマスになるとそんな祝いなど聞いたこともない島人を何人もその家に招待したり、またある時は自宅を開放し、アメリカ風の文化生活を見せびらかすというのんびりした風景がしばしばあった。第一その民政官府は島の中心から二、三キロはなれた海岸の近くにあったのだ。そこは金網で囲まれ芝生が敷かれ、星条旗が翻っていたが、支配の怖ろしさを感じさせはしなかった。

なぜ私はこんなラチもないことを長々と書いているか。それはもし、あの「天皇メッセージ」がなかったら、沖縄本島も、戦争の傷は言い知れぬほど深かったわけだが案外早く立ち直り、米軍支配のもとの疑似民主主義とは言え、一応の自治は達成したかも知れないと思うからだ。現に日本国はアメリカの属国状態を巧みに隠蔽しながら疑似民主主義で大いに繁栄しているではないか。

ところがそのメッセージにより（米国側はそれは天皇が処刑を逃れるために行った私益行為であると見破っていたが、これ幸いとばかり）米軍は世界戦略基地構想を大転回し、その結果、沖縄は七十年間痛めつけられ苦しみ抜いてきたのである。

一九七九年、雑誌『世界』（岩波書店）に発表された進藤榮一助教授（当時）の「天皇メッセージ」に関する論文「分割された領土」を読んだ時のショックを忘れることができない。その時すぐ思ったことはこれが一九七二年の日本復帰以前であったらなあということであった。論文がせめて十年早く発表されていたなら沖縄は大混乱に陥ったに違いない。

まず復帰運動を牽引していた教職員会が大打撃を受けただろう。その後押しで初代民選知事となっていた屋良朝苗元・教職員会長はどんな事を考えただろうか。その混乱の中で、単純な民族主義に基づく復帰思想を彼自身始末しなければならず深い絶望に陥ったに違いない。教職員たちの強い指導下にあった子供たちはどうなったであろうか。それこそ何も知らずに先生たちの苦悩、混乱をまともに浴びたであろう。しかしそれは正しい混乱であり、何かを生み出す混乱であった筈である。そのような怖ろしい歴史事実を知らないままに復帰が敢行され、その記念式典で佐藤首相が「天皇陛下萬歳」と叫んだのである。

私はこの文章を米軍の駐留しなかった八重山地方の長閑さを書くことから始めたが、もちろんそれは責任のない子供の感覚にすぎず、実際は様々な占領政策があり支配があり、そしてその宣撫工作があったのだ。

米軍はまず、「琉米文化会館」という施設を沖縄のあちこちに造り文化サービスを行った。子供にとってそれは正《まさ》に文化の象徴であり私なども足繁く通った。実はそこには『今日の琉球』とか『守礼の光』などの、裏に米国賛美、米軍統治の正当化を狙った記事が隠されていたのだが、私たちはそれも文化だと思い熟読したのだ。しかしその種の出版物はあまり面白くなかった。何か味気なかったのである。今考えてみるとおそらく文体がなかったということであろう。米軍の上司に指示されて沖縄人が翻訳したり文章を書いたり、編集したりしたのであろうが、なんだかカサカサして魅力がなかったのである。

さて、このように文化程度は低く、その知能は貧弱で苦しい毎日の生活であったが「戦《いくさ》」はなく日本軍のような横暴さもなく、なんとか最低ギリギリ線上で、大人たちは子供へどうにかして夢を与えようと島の中で自前の雑誌を出版したり演劇会を催したり、また子供、若者を激励しようとたくさんの音楽が生まれたりもしたのである。誠に不思議なエネルギーではあった。我々子供はそのような空気を吸い込み、確かに元気づけられてきた。あの頃作られた歌を今でも私は何曲もうたうことができる。

そのような島々の長閑（？）な暮らしであったが、それでは戦後沖縄本島のような米軍の影響がなかったかと言えば、そうではない。島の自然を根本から変えてしまうような事があったのである。

沖縄本島で「銃剣とブルドーザー」で土地を追われた人々は全沖縄へ散らばっていく外なかったが、その多くは八重山の石垣島へやって来たのだ。それは米軍の施策であったが、しかし人々は八重山は風気《ふうき》の島、ヤキーの島（つまりマラリヤの島）だと言って大方が移住を拒んだのである。そこで米軍は八重山からマラリヤを追放しようと考え、島の医者や衛生関係の人々を総動員してマラリヤ撲滅運動を展開したのである。住民も全面的に協力した（私などは小さい頃そんな事は何も知らず、アメリカ～は凄いと感動していたほどで、今書いていることも後になって大人たちから聞いて初めて知ったことである）。

ところが米軍のその方法は科学的ではあったが極めて乱暴なものであった。マラリヤはハマダラカによって媒介されるが、その蚊を殲滅するため、一斗カンにD・D・Tを溶かした溶液を入れ、そのカンに小さな穴をあけ、大小いろいろな川の上流にぶら下げ点滴したのである。カンが空《から》になると新しい溶液を入れそれを繰り返す。おかげでハマダラカは姿を消したが、同時に八重山従来の水棲動物（エビやウナギやカニやフナなど）も全滅してしまった。また家畜小屋や空き家、物置き、一部の住宅には薬液を噴霧してまわった。これも成功を収めたが、後年その作業にたずさわった人々が（この人々は八重山の人、米人は指導するだけ）次々に亡くなったのである。このような犠牲的（こんなことになるとは誰も分からなかった）作業のおかげでさしものマラリヤもその勢いを失った。

ここに一枚の写真がある。カヤぶき屋根の掘っ建て小屋がズラリと並び、背の高い米軍将校がその出来具合を見ているという場面だ。急場しのぎの、この掘っ建て小屋の新しい施設

（？）に、銃剣とブルドーザーで土地を接収された人々が送り込まれてきたのである。そんな集落が島のあちらこちらに作られて、沖縄本島からの人々が命からがらやってきたのだ。米軍はその入植地から市街までの道路を何本か整備したが、それっきり。その後は入植した人々が根《こん》限り頑張ったのである。「計画移民」「自由移民」という言葉などもあり島外からやってきたそれらの人々が新しい村を作った。

ここで少しだけ後戻りすることを許して頂きたい。以下は戦中の話で私には記憶がないが、先輩たちからの伝言であり、ぜひ記録しておかねばならない。旧日本軍はこの島に進駐して何をしたかということだ。

八重山の村々はその背後に、通常、山や森や高台があり、それを「クサディ」と言っている。「腰当て」すなわち村を後ろから支えるものという意味だ。旧石垣町の街の背後にはそのような役をなす松並木が東西に何キロも続いていた。それはまた北風から村を守る擁護林でもあったのだ。日本軍が島に入るや直ちにその松林をほとんど切り倒したのである。島の南海岸に軍需物資搬入用の第二桟橋、第三桟橋を造る計画を立てその建築用の杙《くい》材としてその松を使用したのだ。また各家々の屋敷を囲む石垣もその基盤だけを残して崩され（それを崩したり運搬するのは命令された島人たち、小学生たち、中学生以上は鉄血勤皇隊）、これも海中に投入されたり、後には米軍空爆によって穴だらけとなった滑走路の穴埋めとして使用した。あんなに静かで豊かだった島の景観は一変し、貧しく殺風景なものとなったのである。

また軍は敵への反撃作戦の邪魔になるからと軍命を以て住民を島中央の山中のマラリヤの有病地へと移住させた。そこで、もう一つの沖縄戦とも言われる悲劇が起こったのである。すなわち山の中の掘っ建て小屋（これも住民が作った）に集団移住させられた住民のほとんどがマラリヤに罹患し、三千六百人以上の人命が失われた。波照間《はてるま》島では全住民がマラリヤ有病地である西表《いりおもて》の山中へ強制移住させられ、ここでも多くの人々が罹病失命した。その間、島に残された家畜や放牧の牛馬はすべて軍が食糧確保のため屠殺し塩漬けにしたと言われている。石垣島の最高峰於茂登《おもと》山には入り組んだ大規模な壕が掘られ司令部が置かれ、島は軍にしたたかに荒らされたのだ。そして日本軍は住民に対して横暴を極め、その上当然の事ながら、軍が存在することによって敵の激しい攻撃を受け、島は哀れな姿で敗戦を迎えたのである。しかし、敗戦直後の茫然自失していた一時期を除き、精一杯働きなんとか生きのび、そして現在を迎えているのである。七十年かけてやっと築いてきたこの静かな平和の島に突然自衛隊配備の話がとび込んできた。

さて、現在、この八重山地方の主要な産業は観光である。昼は美しい青空、緑の島々、七色に輝く海。夜ともなれば八十八ある星座のうちの八十二の星座が観望でき、また天の川もくっきりと見えるなどその景観は人々の心を洗ってくれる。しかしここに「水」の問題がある。

「水」は生命にとって絶対に必要なものであるが、それはこの島の場合降雨に頼るしかない。それで大きなダムをつくり水の確保に努めているが、昨年などは日照りが続き、とうとう農業用水を飲料水に転用してなんとか水不足をしのいだ。常に水の確保には頭を悩ませているという現実がある。

そこへ何百人――将来的には千五百人と言われている――という若い盛りの自衛隊員(とその家族)が新しく移住駐留するとなるとどうなるか。水の必要量が爆発的に増え、自衛隊は直ちに隊員及び各施設が必要とする水を確保しようとするだろうから、当然、一般市民は日常生活に大きな支障を来たすことになる。

また自衛隊はおびただしい軍事車両と重火器、それに地対空ミサイル〝パトリオット〟をも装備してやってくると言われている。これらの車両が走りまわり、パトリオットの発射訓練などが行われると、いくら澄みきった八重山の空気と言えどもその排気ガスや爆発音などで重大な悪影響をこうむってしまう。繰り返すが、自衛隊は武装集団であり日常的に射撃訓練をはじめ、各種の兵器の整備、色々な行動訓練が必須である。そのため、まず広大な射撃訓練場が必要であり、また射撃目標として山なり、川なり、海中の岩などが定められる可能性もある。海や空に入域禁止区域が設けられるのも必定である。さらに海岸線は仮想攻撃に対する様々な軍事施設が作られ、その美しい眺望は一変して無残ないびつなものとなるかも知れない。私は先日、防衛省の依頼した調査会社の出しているスミぬりだらけの情報をなんとか解読してその駐屯地や各種施設建築予定地などを特定したチームの場所確認のためのバスツアーに参加したが、こんな美しい場所を自衛隊は狙っているのかと腹の底から憤激した。――つい二三日前、友人が市役所に請求入手した防衛省の正式資料はそれこそ真っ黒の連続であった――

このように、この島々は自衛隊が来ることによって重大な負の影響を受けてしまい、観光どころではなくなってしまう。観光産業は美しい自然と共にゆったりした雰囲気が大切であるが、軍事施設は常に攻撃目標とされるから日常的に危機意識が強くなり緊張が強いられ、自然、ゆとり、それが両方とも確実に失われてしまうのである。

そもそも自衛隊は米国の要請により警察予備隊として出発した。米国は日本人をいわば弾よけとして利用しようとしたのだ。それが武器弾薬、装備、人員を強化して保安隊となり、自衛隊となり、そして現在見るように、憲法を無視して集団的自衛権を主張するまでとなった。すべて米国の都合のままである。

例えばその服装（軍服と言うべきか）からして米軍とそっくり。装備などもほとんど米国製で、その指揮系統もその頂点には米軍がいるのである。これで独立国の防衛が果たされているのであろうか。戦う以前に既に米国の属国となっているのではないか。七十年前には鬼畜米英と叫んでいたのである。実に七十年前、日本は無条件降伏を受諾、以来敗戦国としての状態が続いており、そのシワ寄せをすべて沖縄におっかぶせているのだ。自衛隊は旧日本軍とは違い、旧日本軍がやったような横暴な行為は決して行わないという議論がある。しかし現在、政府・防衛省が強行している辺野古米軍新基地建設を見よ。住民の意見に一切耳をかさず、住民が生活していることさえ無視して警察や海上保安庁の暴力的行為に警護されつつ工事を続行している。政府・防衛省は先の沖縄戦で示されたように「軍隊は決して住民を守らない」ことを辺野古において日々実証している。自衛隊は本質において旧日本軍となんら変わるところはないのだ。安倍首相は「我が軍は……」と発言したのだ。

よく言われるが日本国土のわずか〇・六%しかない沖縄に在日米軍基地の七十四%が集中している。それに自衛隊という軍事組織を加えるといかに沖縄の負担が大きいかが分かるだろう。沖縄本島の自衛隊は一九七二年の日本復帰の際、米軍の後に何食わぬ顔をして、ぬるりと入れ替わり入ってきたのだ。本島では自衛隊反対のための住民運動さえ出来なかったという経《いき》緯《さつ》がある。祖国復帰はまさにペテンにかかっていたのである。

さて、なぜ今頃になって急に静かで平和で国際紛争など何もなかった島々に自衛隊が配備されることになったのか。

これは安倍首相が隣国中国を仮想敵国としている事に起因する。石原慎太郎元東京都知事が尖閣諸島買上げをぶち、わざわざ中国を刺激し日中間に絶えず緊張状態が存在するように仕組み、ことはとうとう野田前首相の尖閣国有化にまでいたり危険は常在となった。

権力者は国内政治の実情を国民の目から隠すため、国外に緊張状態をつくり出し、国民の目を国外へ逸らそうとする。そして盛んに愛国感情、ナショナリズムを吹聴し煽りたてる。

また政治用語で言う、いわゆるオフショアー・バランシングというものがある。つまりオフショアー（沖合）に緊張状態を作り出そうとして自分の敵の敵を探しそれを援助してその敵どうしを戦わせ、自分はこちら側にいて安全と利益を保つというものだ。具体的に言うと米国は日中を戦わせ自国の安全と利益をはかる。米国はこれまでこの狡い方策を多用してきた。ホメイニ革命（イラン）と戦わせるためにフセイン（イラク）を利用、そのフセインが強大になると湾岸戦争。アフガンへのソ連侵攻に対抗するためアルカイダ、すなわちビン・ラディンの利用、ビン・ラディンが強大化すると「テロとの戦い」を標榜。

安倍政権はそれを真似して尖閣に緊張状態を作り出そうとしているのだ。中国は何度も尖閣棚上げ論を持ちかけるが安倍政権はそれを拒み続けている。尖閣の緊張で中国の目を日本本土から離してそこへ向けさせ、日本の安全（？）と利益を図るという次第だ。尖閣諸島――そしてそれを行政区に抱える石垣市はその緊張状態を引き起こすための生きている餌《えさ》、生き餌《え》とされているのである。さらにそれを拡大強化したのが南西諸島防衛構想であり、南西諸島、つまり与那国、石垣、宮古、沖縄本島（辺野古だ）、奄美諸島（それは奇妙にも旧琉球域と一致）

は安倍政権が中国と対峙するための（あるいは中国を誘い出すための）エサであり、いったん事が起きると日本国防衛の「楯」の役目を負わされて「捨て石」とされるのだ。しかも安倍首相は南西諸島を守ろうとする意志はカケラもない。南西諸島が壊滅しても日本国そのものには何の損失もない。我々が戦争で死んでも、彼らは痛くも痒くもないのだ。七十年前の沖縄戦と同じように、再び我々は「捨て石」とされるのだ。日本国はこのオフショアー作戦のおかげで安全と利益を追求できるのだ。これが安倍首相が考える南西諸島防衛構想のまことに狡猾な機能なのだ。

　国防は国の専権事項であると言う。しかし何のための誰のための国防かを見極める必要がある。また我々にはこの島々で静かで平和に暮らす厳然たる生活権がある。我々は南西諸島防衛構想を拒否し、我々のなだらかな静かな暮らし、我々の生命《いのち》を守らなければならない。

　一九四七年、宮内庁御用掛寺崎英成《ひでなり》を通じて米国外交顧問、ウィリアム・シーボルトにもたらされた、昭和天皇による米国へのメッセージ「寺崎が述べるに天皇は、アメリカが沖縄を始め琉球の他の諸島を軍事占領し続けることを希望している。天皇の意見によるとその占領は、アメリカの利益になるし、日本を守ることにもなる……」「……天皇がさらに思うに、アメリカによる沖縄（と要請あり次第他の諸島嶼）の軍事占領は日本に主権を残存《リテインド》させた形で、長期《ロング・ターム》の——二十五年から五十年ないしそれ以上の——貸与《リース》をするという擬制《フィクション》の上になされるべきである――」は何度読んでみても、卑屈で、しかも他を犠牲にすることをなんとも思わない自己本位の精神を暴露していて、醜悪の極みである。

　そしてこのような歴史事実を知りながら、なお前述のような南西諸島防衛構想を推進しようとする安倍首相は醜悪を通り越して汚穢《おわい》であるとしかいい様がない。

　いったい戦争によって何が得られるのか。安全と利益というが、それはただの偏狭な民族主義にかぶれた安倍一派の安全と利益、自己満足にすぎないのではないか。あるいは階層化が進んでいるという日本社会のほんの一握りの安全と利益なのではないか。国民の大多数は沖縄と同じく支配の対象となっているのだ。こんな事で戦争が引き起こされたら全くたまったものではない。ところが現実は秘密保護法、憲法解釈、安保法案などと、着々戦争へと進んでいるのだ。

　この自己陶酔的独善的愚策によって我々辺境の人間は毎日毎日緊張を強いられている。いつ砲弾が飛び交うようになってもおかしくない情況になっている。ところでその情況を招来した安倍首相、石原元東京都知事などは現場から最も遠く離れた日本国の中央にいて厳重に警護されつつ快適な日々を過ごしているのだ。

　安倍首相の歴史認識はほとんど空想妄想に近い。その彼によって下される将来への判断（つまり彼が考えている日本の進路）は完全に誤っている。一人の人間の妄想に都合のよいように動いていく歴史はあり得ない。

さて世界の歴史はイギリスの産業革命以来ほとんど西欧文明の独壇場であった。それはギリシャ文明に由来する幾何学的論証に裏打ちされていた。その論証主義の精神は常に己れの完璧、普遍性を目指す。そして現在それが完成の域に達し西欧精神はその成果を世界のすみずみにまで開放する。それを望みさえすれば誰でもどこでもそれを享受できる。ケータイ、インターネット、パソコンなどはその身近な代表例であろう。高度の技術の場合でもそれは言えて、趣味の一致した同好者が協力して人工衛星を飛ばしたり、極端に言えば核兵器さえ製造可能なのだ――プルトニウムさえあればの話だが。今や世界は皆同一水準の知的、精神的存在へと変貌している。小さな規模では大衆文化、大きな規模では絶対平等世界が出現しつつある。従ってこれまでの西欧・アメリカの優位は少しずつ崩れ、人口、国土面積に比例した新秩序が形成されるかも知れない、インド、中国、アフリカ各国は躍進し、日本は三十位くらい。今、私は国連経済社会局がつい最近発表した西暦二千百年の世界人口予測を見ながら書いている。その時の地球人口は百十二億人。現在の七十三億人から四十億人近く増える。しかし地球の面積は決して広がらない。狭い地球上で多種多様な人々が蠢くことになる。たった八十五年後についての予想だ。当然、地球全体としての食糧問題、資源問題、エネルギー問題等がたちまち浮上してくるだろう。人一人の地球資源消費量は絶対に平等でなければならないとの大原則が要請されるだろう（先述の大躍進、新秩序はその消費量の合計を意味するにすぎない）。

人々は危機にかられてその要請の実現のため様々な行動を起こすだろう。知恵のありったけをしぼるだろう。そして今、その大転回が始まっているのである。

ところでなぜ人類はこれまで戦争を続けて来たのだろう。いったい戦争によって何を得ることが出来たのだろう。領土？　敵の富？　奴隷？　国内における自己の権力？　更には全世界に対する支配権？　しかし人類全体、地球全体としていったい何が得られたのか。その答えは言わずとも知られようが、それはただ「破壊」のみである。第一次世界大戦、第二次世界大戦を通じて武器は一層その破壊力を増し、とうとう核兵器へと到りついてしまった。今や人類は地球全体規模の破壊力を手にしてしまった。従って我々の思考は常に地球規模とならなければならない。これからは何事も「人類全体としてどうしなければならないのか」を問わなければならない。極端に単純化すれば「人類の存続を望むのか、それとも人類の破滅を招くのか」との観点に立つことが根本的思考態度とならなければならない。

今、世界はかつてない平等を求めている。今、世界はかつてない武器に囲まれている。今、世界はかつてない存続の危機を迎えている。今、世界はかつてない明確な限界を発見した。今、世界はかつてない混迷の中に在る。

かかる厳しい現実の中へ安倍一派が排外的な独善的な時代錯誤の日本ナショナリズムを持っ

て割り込んだとて、それはいかなる意味をも持つことはできない。ただの保守反動迷妄として世界から孤立するだけだ。歴史はそれ自体激しい強大なエネルギーを持っている。その不可思議な動向に関して何の洞察力も想像力もなく、倫理観と批判意識を決定的に欠いている安倍政権がやがて破綻するのは火を見るより明らかではないか。

今日も辺野古では抗議の声が続いている。尖閣では海上保安庁警備艇と中国公船との対峙。沖縄はその苦悩の故に日本という闇をあぶり出し、辺境はその敏感な恐怖の故に中央の鈍感な自己陶酔者を底の底まで透視する。

「沖縄／大和」という境界　沖縄から日本への問いかけ

桃原一彦

本誌（『未来』）が季刊となって初めて寄稿する。二〇一四年八月（五七五号）以来であるから、ほぼ一年ぶりとなる。この間、沖縄をめぐる政治状況は、普天間基地の辺野古移設および県内移設反対、さらに同基地の県外・国外移設を求める翁長雄志沖縄県知事の誕生という大きな節目があった。間もなく行なわれた衆議院議員選挙においても、知事選挙と同様の民意が明確に示された。

それにも関わらず、日本政府は「海猿」たちによる暴力的な排除行為と警察機動隊による弾圧行為を前面に、辺野古移設を強行しようとする。それと符節を合わせるかのように、宮古島、石垣島、与那国島では島嶼防衛をにらんだ自衛隊の配備増強が進められている。沖縄人にとっては、琉球諸島の再軍備化と軍隊との共存・共死、そして戦場の記憶が甦る。もちろん、安全保障と軍隊をめぐるこの国の危機的な政治状況は、県外の多くの日本人も感知するところであるだろう。二〇一四年以降の集団的自衛権の行使容認や安保法制をめぐる閣議決定と国会審議、さらに自衛隊におけるオスプレイ導入や米軍横田基地への同機配備計画など、戦争の足音は陰に陽に日本人の耳目に届いているはずである。

そのような昨今の政治・社会状況のなか、先日、私が担当する大学の講義内でアメリカのドキュメンタリー映画『ボウリング・フォー・コロンバイン』（マイケル・ムーア監督、二〇〇二年）の映像を鑑賞した。同作品は毎年度講義内で使用するのだが、今年は例年以上に学生たちが画面に釘づけとなっていた。とくに学生たちが敏感に反応していたのは、ルイ・アームストロングの“What a Wonderful World”（「この素晴らしき世界」）がBGMに挿入される、戦後アメリカをめぐる戦争およびテロリズムの記録映像である。次々と繰り出されるそれらの記録映像を列挙するだけでも、息を飲んでしまう。

一九五四年、米国はグアテマラの民主的政権ハコボ・アルベンス・グスマン大統領の転覆を画策し、そのクーデターで約二〇万人の市民が殺害される。

一九六三年、米国は南ヴェトナムのゴ・ディン・ディエム大統領の暗殺を支援。一九六三年から一九七五年、米軍は東南アジアで約四〇〇万人を殺害する。

一九七三年（九月十一日）、米国はチリの民主派サルバドール・アジェンデ大統領の暗殺を画策し、アウガスト・ピノチェトによるクーデターと独裁政権の樹立を支援。クーデターでは約五〇〇〇人のチリ人が殺害される。

一九八〇年代、米国は中東における対ソ連政策の一環でウサマ・ビン・ラディンらを訓練し、CIAは彼らに約三〇億ドルを供与。

一九八一年、米国のレーガン政権はニカラグアの反政府組織「コントラ」を支援し、内戦によって約三万人のニカラグア人が殺害される。

一九八二年、米国は対イラン政策の一環で、イラクのサダム・フセインに数十億ドルを供与。

一九八三年、米国は対イラク政策の一環で、イランに武器を秘密供与。

一九八九年、米国はCIAの活動家マニュエル・ノリエガの政権下パナマに侵攻し、ノリエガを逮捕・収監した。この武力侵攻のさい約三〇〇〇人のパナマ民間人が犠牲になった。

一九九〇年、米国から供与された武器でイラクがクウェートに侵攻。翌年、米国ブッシュ政権はイラクを攻撃し、クウェートの独裁者を復権させた。

一九九一年から毎週のようにイラクを爆撃する米国の攻撃と経済制裁によって、約五〇万人のイラクの子どもたちが死亡（二〇〇二年当時）したと国連が推計を発表。

二〇〇〇年から二〇〇一年、米国はタリバン政権下のアフガニスタンに約二億四五〇〇万ドルを援助。

二〇〇一年九月十一日、ウサマ・ビン・ラディンはCIAが訓練したゲリラを使い、ニューヨークの世界貿易センタービル等に航空機を激突させ、約三〇〇〇人を殺害。BGMの美しいメロディーとは対称的なグロテスクな歴史を投げかけられた学生たちの反応は一様に険しく、混乱した表情となった。たとえそれらの映像がある映画監督の視点に立脚した限定的なものだとしても、これから日本がその「歴史」に盟主として加わる以上、どこまでも巻き込まれどこまでも付き合わざるをえなくなるかもしれないからだ。最後に登場したニューヨークの断末魔は、東京だけではなく、米軍基地が集中する沖縄にも重なる。

もちろん、重々しい歴史が眼前に列挙されるとき、それがたんなる「過去の記録映像」として手際よく情報処理される可能性もある。とくに、アナログともデジタルとも言えぬ犠牲者数のカウントは、ジャン＝リュック・ゴダール監督の映画『気狂いピエロ』（一九六五年）のなかのセリフと同じような感覚を多くの人々にもたらすかもしれない。

「ゲリラが一一五名戦死というだけではなにもわからないわ。一人ひとりのことはなにもわからないままよ。妻や子どもがいたのか、芝居より映画の方が好きだったのか、まるでわからないわ。ただ一一五名戦死したというだけ。」

戦後日本人の多くは、憲法九条の「此岸」から日米安全保障の「彼岸」を眺めつづけ、右記のような虚無の光景をメディア上の記号から感得してきたのではないか。一方、「彼岸」として差し出された戦後の沖縄人にとって、あまたの遺骸の映像は自身の傍らに横たわるまったきリアルなものであり、否応なしに戦場の記憶との連鎖反応を引き起こすものとなる。それは、沖縄戦で息絶えた肉親の遺骸を見つめるときの眼差しであり、「悪魔の島」で生かされてきた「殺す側」の身に駆動する、理不尽なまでの化学反応である。このような平穏ではいられぬ日常生活をかろうじて誤魔化しながらも、ときにそれは「気狂いピエロ」となった米兵たちの狂気と暴力を通じて何度も蹂躙されてしまう。沖縄はつねに「有事」なのだ。

よって、たとえ沖縄で若者の「保守化」「右傾化」の危惧が叫ばれようとも、眼前に横たわる広大な軍事基地と、それを警護しつつ沖縄人に対峙する日本警察や海上保安官たちの姿を垣間見た沖縄の若者たちは、この国が沖縄にふるう暴力を看取せずにはいられない。たとえば、二〇一四年七月二〇日の「琉球新報」読者欄に掲載されたある高校生の問いかけは、ひときわ目を引くものがあった。それは、沖縄選出国会議員、島尻安伊子参院議員（当時）に対する問いかけである。すなわち、集団的自衛権行使容認をめぐり、島尻氏が参院予算委員会において「（沖縄）県内中学校の授業で生徒に誤解を与える教師の言動があった」ことを指摘し、これに対し下村博文文部科学大臣が「学校で不適切な解説があった場合には、教育委員会を通じて指導する」と答弁した一連のやりとりに対する問いかけだった。

八重山地区の教科書問題を少なからず身近に感じていたかもしれない沖縄の十代の若者が投

げかけたその問いは、きわめて直截簡明な内容だ。島尻氏はなぜ国会でこのような質問をしたのか。仮に誤解があったとしても、その誤解を生んだのは自民党および安倍晋三内閣であり、その説明を果たしていないことを反省すべきではないか。反省すべき側が誤解した人を指導することは、政府のやり方に異を唱える者に対する弾圧ではないか。

公議の場において、曖昧な情報ソースを用いながら教育のあり方を最終審級にかけようとした島尻氏は、沖縄人青年からのこの問いかけに対してどのように応答するのか。それこそ、「密室」において個別指導的に対応するのではなく、公の場において応答しなければならないはずだが、現時点でその説明責任を果たしたという形跡を確認することができない。

また、沖縄の若者が発したこの問いかけが一代議士に対するものだと読み取ってはならない。その問いには次のような意味も含まれているだろう。すなわち、なぜこのような国会議員や政権を誕生させたのかという、われわれ先行世代に対して発せられた問いであり、異議申し立てでもあるように思う。とりわけ沖縄においては、一昨年の秋ごろから「公約偽装」のような態度表明が保守系国会議員に相次いだ。その後、連鎖反応を起こしていくかのように、県内自治体の首長、議員、そして前知事にも偽装表明が波及していった。

沖縄の自治および「オール沖縄」のスローガンは、この公約偽装者たちに勝利してもなお、これまで以上に苛烈な挑戦を受けている。戦後沖縄の自治を構成した権力への抵抗運動は、あからさまな弾圧の局面にまで達している。「辺野古警備」を名目とした事実上の運動鎮圧は、国家に抵抗する沖縄人を「犯罪者」とみなすための歯車が加速度的に駆動することを意味している。おそらく、この「処罰」のまなざしは、すべての沖縄人に対する「容疑者」のまなざしとほぼ同義であり、「予防拘禁」としての効果が期待されているはずである。

フランスの哲学者ルイ・アルチュセールが指摘したように、「特殊警察や司法官」など法制度に基づく物理的な抑圧装置は「特別な鎮圧部隊の介入という、節目節目に、計画された応援とともに行なわれる」ものとして機能する。また、先の高校生が「弾圧だ」と喝破したように、この物理的抑圧装置は、学校教育などの非物理的な抑圧装置と両輪になり、精神的な「異端尋問」や「尾行」を作動させる（「イデオロギーと国家のイデオロギー諸装置」『再生産について』、平凡社、二〇〇五年）。要するに、「協力をいますぐ強要するのは警察」であり、「教室は将来における国民の協力を確実にする場」なのである（ノーマ・フィールド『天皇の逝く国で』〔増補版〕、みすず書房、二〇一一年）。「外部の脅威」に対して軍備化・武装化を進める国家の物理的抑圧は、「内部の脅威」に対しても向けられるはずである。

沖縄の人々は、その暴力性を歴史的、現在的な経験において熟知している。たとえば、二〇〇一年の〈九・一一〉直後、米軍基地を警護するためゲート前に配置された警察車両には機銃が装備され、その銃口は常時沖縄住民の方を向いていた。日米地位協定という根拠において、日本の警察は軍隊を守れど住民を守らない。二〇一二年に市民が普天間基地のゲートを封鎖したとき、そして今日のキャンプ・シュワブ周辺での警察行動も同じである。

さらに、二〇〇四年の沖縄国際大学キャンパスへの米海兵隊ヘリ墜落事件のとき、米兵らは銃を携帯しながら現場を封鎖し、機体の残骸のみならず、土壌や木々を手際よく（大学側に無断で）処理していった。そのとき日本警察は、墜落現場でピザとホットドッグをほおばりカードゲームを楽しむ米兵らを、ジュラルミンの楯で手厚く保護した。加害者と被害者の関係を逆転させ、被害者を「容疑者」へと転化する見事な連係プレイだった。

二〇一四年八月、そのヘリ墜落事件から十年をむかえた。事件当時の学生たちは大学に再集合し、〈いま〉の各自の立ち位置から〈これまで〉と〈これから〉の沖縄について語り合う場を設けた。現場の土壌は根こそぎ持ち去られたが、学生たちの身体には記憶の地下茎が張り巡らされているようだった。三〇歳前後となったかれらは、先の高校生から見ればすでに先行世代となっている。その語りの場では、「世代間」をはじめ、沖縄における意識や感性のさまざまな断層を認めつつ、地下茎で通底するものを歴史経験としてクロスさせるための模索が行なわれた。

事件当時の学生らは、自身の十年間を総括するように語り始める。「墜落事件によって何かが変わる、誰かが変えてくれるだろうと思い込んでいた」こと、後輩たちに継承できる持続的な活動ができないなかで「伝えることだけに一生懸命になり、伝え方を話せる場がなかった」こと、社会人となって働きはじめ米軍基地について言いたいことが言えない状況があること、既存の運動に参加する恐怖感や圧迫感に怯えていること、「ゲート前でウチナーンチュ同士がいがみ合う」という整理のつかない状況のなかで十年が過ぎてしまったこと、そしてこの瞬間にも辺野古への新基地建設が進められていることなど、息苦しくなるほど喉の奥に詰め込んでいたものを言語化し吐露していく。

また、沖縄キリスト教学院大学の在学生からは、同世代のなかに「基地はかっこいい」「基地の中に入れるのは特権だ」という意見や「平和運動アレルギー」のような感覚が少なからずあること、県外の大学生との間に絶望的なまでの「温度差」を感知してしまったことなどが語られる。そしてヘリ墜落事件を目の当たりにした卒業生たちの思いを受け継ぐように、「沖縄の主権が踏みにじられている問題を私たち世代が解決していかなければならない」と自らを奮い立たせる。さらに、社会運動におけるソーシャル・メディアの効果を認めつつ、誰がどのような立場で情報を発信しているのかその政治的な文脈を読み取る必要があること、「LGBT」(Lesbian/Gay/Bisexual/Transgender)と呼ばれる性的マイノリティの当事者支援の経験をはじめ、日常のさまざまな問題から人権について考える切り口を発見し身につけていくことなど、新たな視点やアイディアも打ち出された。

「世代間」と言えるほどの年齢差はない卒業生と在学生だが、「ヘリ墜落事件」をめぐるリアリティでさえ、両者のあいだに感性の違いを見いだすことができる。しかし「事件」を言語化し、歴史経験として共有する行為は、十年のあいだ現実生活と社会的なしがらみのなかで硬直させていた卒業生らの身体を解きほぐしていった。そこには、それぞれの経験や感性から生ずる苦悩やジレンマまでも力へと変えていく可能性がある。

そして私のような「復帰」前後の世代も、いままさに眼前で初めて、耐用年数二〇〇年の新基地建設という屈辱を体験しようとしている。つまり、それは「新基地建設」という傷痕を身体に刻み込もうとしているだけではなく、軍事基地から派生する新たな痛みや苦悩を次世代に押しつけてしまおうとしていることを意味する。沖縄社会は、米軍基地をめぐる問題を「沖縄問題」あるいは「沖縄のアイデンティティ」として刻み込み、世代間を通じてその清算されない苦悩を何度も抱え込んでしまう。

沖縄社会に対して、このような国家の抑圧装置を作動させているのは、東京の為政者たちだけではないということを忘れてはならない。たしかに、沖縄県外でも「辺野古との連帯」「沖縄との連帯」を声高に叫ぶ運動はたびたび行なわれてはいるが、普天間基地を初発とする米軍基地の問題は「沖縄問題」という閉域を脱するには至っていない。日本人の側においては「彼岸」のままであり、沖縄人の側からはなんらかの境界線を感知せざるをえない心的状況にある。たとえば、沖縄出身の若手ドキュメンタリー監督・比嘉賢多の作品『沖縄／大和』は、その心的状況をダイナミックに捉えた秀作だ。あくまでも私的感想だが、ここ数年の「沖縄」や「基地問題」を題材としたドキュメンタリーのなかで最も優れた作品だと思う。

その沖縄人青年の監督は、作品の制作過程において、辺野古の海や普天間基地のゲート前で抗議行動を続ける先行世代と出会い、その抗議行動と対立する辺野古移設推進の人々と向き合い、そして自身の家族・親族や友人らと出会い直そうとする。とくに興味深いのは「沖縄と大和」という「心的ライン」を手掛かりに、沖縄とは何か、自分は日本人なのか、そして漠としながらも感知せざるをえないそのラインとは何かというもろもろの問いを同世代の友人らに投げかけつつ、ときには監督自ら被写体となり、自問自答のように探し当てようとする姿である。

結局、若者はそれらの問いについて明確な答えを導き出せたわけではない。しかし、友人らとの対話のなかで、心情的には米軍基地に反対でも「現実問題どうしたらいいのか」というジレンマや、「マスコット化される、見世物にされる、利用される沖縄」、「沖縄人であることも足枷だった」という鮮烈なほどのリアルな言葉に直面する。そしてこの問いかけのなかで揺れ動く若者たちの感情や、「生きている」実感、「笑いたいな」という思いは、基地ゲート前で抗議行動を続ける先行世代が発した次の言葉とシンクロする。

「ウチナーンチュは反対運動をするために生まれてきたわけじゃない」「幸せになるために生まれたわけよ。」

サポートするスタッフがいなければ、高性能の機材を使用し、資料映像を挿入するお金や人脈もいっさいないなかで、沖縄の若者が抱える苦悩や葛藤がさまざまなウチナーンチュとの出会いや語りの積み重ねにおいて描き出されていく。その苦悩とは、まさしく作品タイトルにも冠された「沖縄と大和」との関係をめぐる差別の問題である。それは、「わたしとは何者なのか」というアイデンティティをめぐる個別具体的な問いが「大和」との歴史的・社会的な関係においてもたらされた絶対的な不和のうえに生ずる葛藤状態であるといえる。この問題は、西銘順治元沖縄県知事が「沖縄の心」を「ヤマトゥンチューになりたくて、なりきれない心」と表現したことに深く関わるはずだ。

このような被差別マイノリティが抱える心的苦悩は、昨年公開されたジェフリー・サックス監督の映画『フランキー&アリス』にも通底するものがあるだろう。

同作品は、一九七〇年代のアメリカでの実話をもとにストーリーが構成されている。主人公の黒人女性フランキーは、十代のころの強烈な体験とその封印された記憶によって心的外傷を負い、かつて「多重人格障害」と呼ばれた「解離性同一性障害」を抱え込んでしまう。その記憶とは、黒人への差別が色濃く残る地方で母親がハウス・メイドとして働いていた白人中産階級の屋敷での体験や、その家族との関係が背景にあった。しかも、フランキーが抱え込んだもうひとりの人格「アリス」は白人女性であり、黒人を徹底的に蔑むレイシスト（人種差別主義者）であった。「アリス」はフランキーの人格を消し去ろうと試みるために、肌を白く塗りたくり、ドレスを着こんで、白人たちの社交パーティーの場に何度も出かける。しかし「アリス」の試みは、白人男性たちから投げかけられる次のような言葉によって挫折する。

「やあ！　アンクル・トム」

「アンクル・トム（Uncle Tom）」とは、アメリカ社会において白人に従順な黒人を形容する蔑称として用いられている言葉である。実際には、それは男性を表わす呼称であり、同じ意味で女性を表わす場合には「アーント・ジェマイマ（Aunt Jemaima）」がある。しかし、この映画からは「アンクル・トム」が男女の区別なく包括的な言葉として用いられていたことがわかる。それは、劣等コンプレックスを植え付けられ、それゆえに自らの身を削り犠牲にしながら差別者（マジョリティ）に媚を売り、利益をもたらし、差別主義的な状況に加担してしまう被差別者（マイノリティ）を表わす言葉なのである。

もちろん、「アリス」がフランキーの人格から生まれたことは確かだ。しかし、そもそものような自傷的な人格を生み出すように追い込んだのは、人種差別主義という歴史的・社会的な構造と、それを支えてきた個々の差別的行為であると言わざるをえない。差別構造を支えてしまう主体とは、差別者のみならず、被差別者が抱え込んだ「アンクル・トム」の側面なのである。作品のなかでは、ハウス・メイドとして仕えていたフランキーの母の「アンクル・トム」性（正確には「アーント・ジェマイマ」性）が重要な鍵を握っていた。

フランス領マルチニック島に生まれた黒人の精神医学者フランツ・ファノンは、『黒い皮膚・白い仮面』という著書において、人種差別や植民地主義的な差別による精神病理、自我崩壊の問題を次のように捉えようとする。すなわち、〈わたし〉という自我の構築のうえで重要となるはずの身体に対する認識（身体図式）が、被差別経験などを通して、個人の意思や身体的な特徴を超えた「人種的皮膚図式」にすげ替えられてしまうという問題である。

「わたしとは何者か」というアイデンティティへの問い（個人的同一性）は、「他者（社会）がわたしをどのように考えているのか」という社会的同一性との関係において成立する。通常、個人的同一性と社会的同一性が一致しない場合を「アイデンティティ・クライシス」と呼ぶが、被差別者の場合はそれだけにとどまらない。被差別者は「人種的皮膚図式」など不平等と人格否定を前提とした社会的なまなざしを日常場面で幾度となく強制され、自我を傷つけられる。その結果、つねに疑心暗鬼となり、不安定な自我を抱え込み、挙句の果てに自らの人格を蔑み傷つけようとする。それほど、差別主義は罪深いのである。

このとき、日本の「模範的」な差別論者、被差別研究者のなかには「白人／黒人」という言葉や、先にあげた「沖縄／大和」というフレームを「二項対立図式だ」とすぐさま批判し、超克せよと主張する者も少なからずいるだろう。おそらく、その主張には、二項対立図式の超克こそが差別者、被差別者の自我および差別構造の「治療」であり、社会の「成長」であり「安定」だと評価したい欲望があるはずだ。

だがそれは、フランキーと同様に、傷の記憶（傷つけた／傷つけられた記憶）を封印することで見かけ上の平等を装い、現実の差別や権力構造を覆い隠すことになるのではないだろうか。現実の差別や権力構造を解体するためには、その図式を直視し、言語化し、暴露する必要があるはずではないか。このような考察の作業が差別的な社会構造の「治療」「成長」「安定」にすぐさま直結することではないにせよ、マジョリティが差別者になることを少なからず回避し、差別構造を徐々に解体することにつながるかもしれない。よって、沖縄をめぐる植民地主義的な差別の構造に関しても、東京の為政者たちを支える行為主体を徹底的に言語化し、露わにするための考察作業が必要だ。

このように、沖縄における軍隊駐留と軍事基地をめぐる問題を、単純に「軍事植民地主義」と表現することにとどまらず、日本人という行為主体が構成する植民地主義的な差別の社会構造として捉える必要がある。たとえば、昨今、日本の平和運動家や識者等の発言において「本土の沖縄化」という言説を耳目にする。安保法制、オスプレイの沖縄県外配備や訓練の分散・

移転など日米同盟強化の動向をめぐって、そのような表現が使用されている。だが、その言葉の使用は、いまに始まったことではない。「本土の沖縄化」は、四六年前にすでに使用されている。

一九六九年のB52爆撃機撤去を主たるスローガンとした「二・四ゼネスト」体制のなかで作成された「沖縄県反戦結成大会への呼びかけ」文では、佐藤栄作首相とリチャード・ニクソン米大統領による沖縄返還共同声明について「基地の更なる拡大徹底化、永久核基地化を目指さんとするもの」と捉えたうえで「本土の沖縄化」と表現している。また、その「呼びかけ」では、「われわれの闘いは十一月沖縄闘争をここ沖縄現地において徹底的に闘うことであり、それが七〇年安保を決定的勝利に導くものであろう」と述べている。すなわち、この運動の論理においては次期「安保闘争」の中核として「本土の沖縄化」が位置づけられ、その「現地闘争」を徹底的に沖縄に封じ込めることが唱われていると言ってよい（新崎盛暉編『ドキュメント沖縄闘争』、亜紀書房、一九六九年に所収）。

このような論理には「沖縄の本土化」、すなわち日本から沖縄への米軍基地の「県外移設」がまるでなかったかのように封殺する言説効果がある。たとえば沖縄駐留米海兵隊は、一九五〇年代、日本各地の米軍基地反対運動の広がりにともない、米軍政統治下の沖縄に「県外移設」された。また「復帰後」の一九七六年にも山口県岩国基地から千人規模の兵力と輸送機九機が普天間基地に移駐されている。「本土の沖縄化」という言説は、このような「沖縄の本土化」という歴史的現在性を不可視なものにしている。

沖縄がつねに闘争現場として囲い込まれ、つねに「説明する側」「行動する側」の責任におかれ消耗していく状況が続くなか、追い打ちをかけるようにSACO（沖縄に関する特別行動委員会）は普天間基地の辺野古移設（新基地建設）案を打ち出した。その直後、新たな運動の展開において「県外移設」の主張が登場する。今日まで「県外移設」の主張を持続的に展開したのは、宜野湾市在住の女性たちを中心に構成される「カマドゥー小《ぐゎー》たちの集い」（以下、「カマドゥー小」）である。「カマドゥー小」は、基地・軍隊に反対する女性たちのネットワーク「心に届け女たちの声ネットワーク」に参加し、一九九八年の「女たちの東京行動」において「普天間基地大セール」「振興策付き」のアピールを展開した。「カマドゥー小」は、普天間基地移設の賛否を問う名護市住民投票のさいに同市内で戸別訪問活動を展開し、名護の女性たち（「ジャンヌ会」）と出会うなかで「県外移設」の意味を共有し、「東京行動」を共にする（真喜志好一ほか『沖縄はもうだまされない』、高文研、二〇〇〇年。また、知念ウシ「沖縄からの報告五二・五五」「未来」二〇一四年六月号、九月号〔桃原・知念ほか著『沖縄、脱植民地への胎動』に収録〕を参照されたい）。

毎年、沖縄には、団体・組織の動員にしろ、私的参加にしろ、県外から多くの運動参加者が駆けつける。しかし、米軍基地の負担をめぐる沖縄の状況はいっこうに改善されないばかりか、悪化の一途を辿ろうとしはじめていた。「カマドゥー小」や「ジャンヌ会」の女性たちは、このような「ヤマト側とのしっくり行ききれないような」関係、つまり「基地問題」を当事者として考えない日本人の問題と、その背後にある既存の運動形態や「連帯」のあり方に対して「県外移設」の要求で介入する。それはたんなる感情的で突飛な「叫び」ではない。「ヤマト」に対し「安保問題」を当事者として引き受けさせるための新たな議論の展開を見据えて組み立てた運動の論理である。それは、既存の運動や連帯の形式に向けられた言葉であり、そしてなによりも、そのような形式にもたれかかる「ヤマト」に対して新たな係争の場を創設するための言葉である。

このような既存の運動や連帯の形式が依拠する論理のひとつに、「構造的沖縄差別」の概念がある。その代表的な論者で沖縄戦後史の研究者、新崎盛暉は同概念について次のように定義する。「対米従属的日米関係の矛盾を沖縄にしわ寄せすることによって、日米関係（日米同盟）を安定させる仕組み」。つまり差別の根源は政治的な仕組みにあるという視点だ。沖縄差別は「対米従属」を基本とした日米安保および日米同盟という制度上の問題として捉えられ、今日、この仕組みや制度を積極的に利用している「主役」が日本政府であるという（『沖縄を越える』、凱風社、二〇一四年）。

だが、この重要な概念からは、差別的な秩序を支える社会的行為者の問題や、差別意識をもたないが差別的な行為をしてしまう（あるいはそれに加担する）主体の問題が抜け落ちてしまう。つまり「構造的沖縄差別」論は、差別のメカニズムが抽象的な現象として捉えられてしまい、そのシステムから利益を得ているはずの者が「自分には関係ない」と考え、差別の具体的な場面や機能が隠蔽されてしまうという問題を内包している。

その一方で、新崎は「『安保廃棄』『基地撤去』というスローガンは、具体的な闘いの実態を欠いたまま、お題目化している」ことを認める。そして「県外移設論」について「安保問題・基地問題をよそごとのように考えているヤマトの多数派世論に、基地・安保を、身近な問題として主体的に考えさせる戦略的手段であった」と評する。そのうえで「日本に現存する米軍基地の実態が具体的に表現している構造的沖縄『差別』を撃つ言葉としては効果的である」と評価し、「構造的沖縄差別が揺らげば、安保が揺らぐ」ことを見通す。

かつて「県内移設反対」「基地はどこにも要らない」と主張しつつ、議論と苦悩を重ねたうえで「県外移設」の主張にシフトした沖縄人、日本人は少なくない。現に大阪では、二〇一五年ごろから、沖縄に対する差別行為をやめるために、沖縄の米軍基地を大阪に引き取るためのグループが結成され、行動を開始している。もちろん、沖縄人にしろ、日本人にしろ、「県外移設」を主張する者たちは、先に挙げた「公約偽装者」たちに深く傷つけられた。だからこそ、いま「県外移設論」の思想的系譜あるいは脱植民地主義の理論的系譜を丁寧に分析し、その意味を理解しなければならない。それは、沖縄の社会運動が「県外移設派」と「県内移設反対派」に分断されないための重要な作業であり、沖縄人が差別や権力の構造を直視するための機会を設ける作業でもある。同時に、それは日本人が沖縄に甘え依存すること、そして差別者であることをやめるための機会（チャンス）を開示することでもある。

辺野古への新基地建設に言及するまでもなく、安全保障をめぐる今日の日本の政治・社会状況は、これまで以上に沖縄の犠牲のうえに立脚しようとしている。よって、いま述べたように、日本人が沖縄への甘え・依存、差別をやめるための行動をとらなければ、沖縄社会は日本という国家からの離脱を本気で思案し、議論しはじめることになるかもしれない。むしろ、その議論のテーブルは沖縄社会においてすでに用意され、そこに人々が結集しはじめている。

昨今、沖縄県内の新聞メディアでは「自治権」のみならず、「自己決定権」「民族自決権」、そして「独立」という言葉が散見されるようになった。沖縄におけるこの社会的趨勢は、思想上の議論と理論的な批判検討の段階に入っている。たとえば、沖縄の詩人川満信一が一九八一年に作成した「琉球共和社会憲法C私（試）案」が再び議論の俎上にあがり、『琉球共和社会憲法の潜勢力』（未來社、二〇一四年）として公刊されたこともひとつの動向といえよう。また、経済学者の松島泰勝が『琉球独立への道』（法律文化社、二〇一二年）や『琉球独立論』（バジリコ、二〇一四年）を相次いで出版し、ゆるやかな共和制連邦国家として独立のあり方を提案するなど具体的な議論の口火を切っている。そして二〇一三年には「琉球民族独立総合研究学会」が結成され、総合的な学術研究と実践的な活動のあり方を議論する場が創設された（筆者も同学会共同代表の一人である）。

国民国家から完全に離脱する共和「社会」であるのか、共和制「国家」としての独立であるのか、いずれにせよ沖縄は日本という国民国家から距離をおいた新たな政治の枠組みを模索し、政治的秩序を組み直すための議論を開始している。よって、その議論には、必然的に「権力」や「統治」をどのように構想するのかという問題が内包されている。それは、主として法制度に基づいた権限と秩序の維持に関わる「ガヴァメント（government）」のあり方を模索することになるが、さらに市民のコラボレーション（協働）によって、どのように「沖縄版ガヴァナンス」を構築するのかという課題でもあるはずだ。

「ガヴァナンス（governance）」とは「共治」や「参加型統治」と訳されることが多い。すなわち、従来の政治的機能を担う団体や機関（政党や行政機構など）に統治を全権委任するのではなく、さまざまな利害・関心を有する市民が政策決定過程や合意形成過程に初期段階から参画することで、統治の方向性を管理していくものである。つまり「権力を飼い馴らす」政治手法のひとつである。日本という国家がますますガヴァメントの側面を強固なものにし、ガヴァナンスを骨抜きにしていくなかで、沖縄は独自の政治、権力、統治のあり方を構築し用意しておく必要があるようだ。

ヘイトスピーチ解消法と沖縄人差別

宮平真弥

一　ヘイトスピーチ解消法の概要と問題点

二〇一六年六月八日「本邦外出身者に対する不当な差別的言動の解消に向けた取組の推進に関する法律」（以下、ヘイトスピーチ解消法）が施行された。

第一条は、ヘイトスピーチ解消法は差別的言動解消の基本理念と基本的施策を定めるものであると規定する。よって差別的言動をとったものに対する罰則規定はない。

第二条は、不当な差別的言動の保護の対象は、「本邦外出身者、その子孫」であり、かつ「適法に居住するもの」と規定する。

近年、在日コリアン等に対するヘイトスピーチや街宣が頻発し、国連自由権規約委員会から日本政府に対し「締約国は、差別、敵意、暴力を煽り立てる人種的優位性や憎悪を唱道する全てのプロパガンダを禁止すべきである。また、こうしたプロパガンダを広めようとするデモを禁止すべきである」といった勧告があった（二〇一四年八月二十日。法務省ウェブサイト掲載の仮訳）。国内外からのヘイトデモ批判が、ヘイトスピーチ解消法制定の背景にあったことは明らかだ。

師岡康子はヘイトスピーチ解消法の問題点として、①差別的言動は許されないと規定しながら、禁止条項がなく、②基本的施策の内容が、これまで法務省が実施してきた相談、教育、助言、啓発に限定され、国会への報告義務も財政措置もなく、③不当な差別的言動からの保護の対象として、アイヌ、沖縄人、被差別部落民といった人種的・民族的マイノリティが含まれていないこと、を挙げている。さらに、④解消すべき対象が「言動」に限定され、差別的取扱いを外したことも問題視する（「差別の撤廃に向けて　ヘイトスピーチ解消法成立の意義と今後の課題」、『世界』二〇一六年八月号）。

本稿は、沖縄人差別の実態を振り返りつつ、ヘイトスピーチ解消法は沖縄人差別も対象にすべきであることを検証する。

二　沖縄人差別の具体例

二〇一五年六月二十五日、自民党の「文化芸術懇話会」なる勉強会で、作家の百田尚樹が「沖縄の二つの新聞はつぶさないといけない」、「もともと普天間基地は田んぼの中にあった」などと発言した。直後に沖縄タイムス社が『報道圧力』を出版している。社会部の吉川毅は、百田尚樹に電話取材し、その返答を聞いて、「沖縄へのヘイトスピーチそのものだと感じ」、「沖縄の犠牲の上に日本が成り立つとの本音」が「どのくらい日本に増殖しているのかと思い、悔しくも悲しくなった」と書いている。沖縄県議会は、同年七月二日、「『沖縄の特殊なメディア構造をつくってしまったのは戦後保守の堕落だ』、『左翼勢力に乗っ取られている』などの発言は報道機関だけではなく、読者である沖縄県民をも侮辱するもので、到底看過できない」との抗議決議を行なった。

安田浩一は、沖縄を取材し、『沖縄の新聞は本当に「偏向」しているのか』（朝日新聞出版社、二〇一六年）を著した。本書のなかで、ある人物は、「百田さん個人の問題ではないでしょう」、「このところ、沖縄への偏見を増幅させる空気みたいなものが本土から伝わってくる」、「本土の人間が表立って口にすることができない考えを作家が代弁しただけ」と答えた。元かりゆしグループCEOの平良朝敬は「沖縄が望んで米軍基地を誘致したわけでも何でもない。……そうであるのに〝沖縄は基地で食っている〟なんて物言いが飛び出すところに、誤解というよりも、沖縄への蔑視を感じる」と述べている。

安田浩一は自身が目撃した次の例も紹介する。二〇一三年一月二十七日、沖縄の首長、県議たちが「オスプレイ配備反対」の建白書を政府に届ける前日にデモを行なったが、沿道から「非国民」「売国奴」「中国のスパイ」「日本から出ていけ」といった罵声が浴びせられた。デモの先頭に立っていた翁長雄志（現沖縄県知事。当時那覇市長）が本当に失望したのは、「聞くに堪えない罵声を飛ばす者たちの姿よりも、それを無視し、何事もないように銀座を歩く『市民の姿』だった」という。差別を放置する、本土の市民やメディアの姿勢は、「結果的に差別を容認することにもなる」。

オスプレイ反対派や基地反対派への罵倒は一見、「沖縄人差別」ではなく、「基地反対」という主張への批判のようであり、その側面もあるだろう。しかし、根底には沖縄人蔑視があるのではないか。沖縄は日本国（及び米国）の犠牲になって当然であり、基地くらい我慢せよとの意識が前提にあると思われる。

次に、就職、進学などで日本本土に居住した沖縄人への差別をみていこう。新里金福は、近代以降、本土で就職した沖縄人たちが受けた差別的扱いについて以下のように記している。「朝鮮と沖縄の人々は一五％の賃金差別をされております」。「沖縄からもどんどん労働者を集めてきて就労させておきながら……労働力が不要になってくると、まず真っ先に首を切るのはそういうマイノリティの犠牲要員たち。……工場の門前には『朝鮮人ならびに琉球人お断り』の札が立つ」。「非常に危険な労働に沖縄の人びとを配置する。そこで事故が起こって片腕がだめになったとか、そういう負傷者が出たりしています。こうした差別状況の中で、それに耐えられなくて、自ら命を断っていった人が無数にでている」（『沖縄から天皇制を撃つ』、新泉社、一九八七年）。

森口豁も本土に就職した沖縄人に取材し、「沖縄に対する無知と偏見が、なにかにつけて彼らを傷つけ、仲間外れにした」ケースを紹介している。ある人物は、「沖縄はアメリカなのに、お前はなぜ英語がしゃべれない?」、「沖縄人はなにをさせても要領が悪い」と言われた。職場では、「仕事が遅いといっては叱られ、少しでも口応えすると『沖縄人のくせに態度がでかい』と罵られた」者もいた。「沖縄出身者全員にパスポートの提出を命じ、ロッカーに仕舞い込み鍵をかけ……勝手に会社を逃げ出せないようにした」会社もあった。「沖縄人は日本人ではない」、「日本人なら東京に来るのになぜパスポートなんか持ってくるのか」などと言った日本人もいた。(『だれも沖縄を知らない　二七の島の物語』、筑摩書房、二〇〇五年)。

仲宗根勇は、東京での学生生活で友人たちに、「君が沖縄人!とは信じられない」、「沖縄土人はまだいるのか」などと言われた。また、アイゼンハワー訪日阻止運動の経験を次のように記している。「執行部は誇らしげに……報告した。『アイゼンハウアーの訪日は阻止されました。我々は勝利しました。卑怯なアイゼンハウアーは沖縄に逃げ去りました!』。大衆は歓呼した。……これは一体どうしたことだ。沖縄にアイゼンハウアーが上陸したことはとりもなおさず、日本=沖縄に足を踏み込んだことなのではないか!　沖縄は異質の外国とでもいうのか!」(『沖縄少数派』、三一書房、一九八一年)。

次に軍隊における沖縄人差別をみていこう。大山朝常は、日本軍における沖縄出身兵の扱いを記している。「入隊まもなく、ある他県の同僚からこう言われたのです。『お前ら沖縄人は、日本人じゃない。チャンコロと同じなんだから一人前の顔をするな』」。「『沖縄人』とは呼ばれても、そこに込められている響きは『日本人』ではなく、『植民地人』というものでした」。「地方の連隊に入隊した沖縄出身の兵隊たちは、ひどい残酷きわまる訓練を受け、そのために死んだ者もいれば、精神に異常をきたした兵隊も少なくなかったといいます。……日本人として扱われていなかったのです。そういう扱い方が変わることなく続き、やがてあの沖縄戦の悲劇につながっていったのです」（『沖縄独立宣言』、現代書林、一九九七年）。

新里金福も日本兵の差別的言動について証言している。「『キサマは沖縄人だってな、ならばキサマは日本人じゃねえ、キサマはチャンコロだ』と、そのＡはいうのです」。「差別するためには、お前さんは日本人じゃないと『異族』扱いするだけで足りるといった発想をこの人はもっていた」。人事係の准尉は「沖縄人は信用ならん」、「沖縄は……本土と違い、民度の低いところだから、どうだかわかりゃせん。例えば沖縄ではゴキブリを食っている」、「沖縄人は沖縄人の分を守って日本のために人柱になるぐらいの覚悟がなきゃいかん」と罵った。（『沖縄から天皇制を撃つ』、新泉社、一九八七年）。

林博史も日本兵の言動を紹介している。「日本人が琉球土人のために犬死する理由があるか」とどなって住民を壕から追い出した日本兵がいた。「きさまらは国賊か。天皇の使者である軍人に協力できないのか」と言って食料を奪った日本兵がいた。「沖縄人はみんなスパイだ、お前らが捕虜に出ていくときは、後ろから手榴弾で撃ち殺してやる」と脅した日本兵もいた。林博史は、沖縄戦を本土防衛（米軍の本土上陸を一日でも遅らせる）のための「捨て石」作戦、国体護持＝天皇を守るための闘いだったと総括し、「日本軍の姿勢は、住民を利用するだけ利用するが、その生命と安全は無視し、米軍に保護されるよりは死を強制するものだった」と評している。（『沖縄戦が問うもの』、大月書店、二〇一〇年）。沖縄人を利用するだけ利用し、生命と安全を無視する点では、現在の日本国も同じようなものだろう。

沖縄戦で日本兵による住民虐殺が相次いだことは周知の通りである。日本兵はスパイ容疑で沖縄人を虐殺し、捕虜になることを禁じて集団死を強制した。日本兵が住民の食糧を奪い、壕から追い出し、その結果命を失った者も多かった。沖縄人を「琉球土人」と見下し、「スパイ」、「国賊」扱いする日本兵が多数いたことから生じた惨劇である（なお、日本国が沖縄を国防上利用してきた歴史については、宮平真弥「近代沖縄と日本の国防」『季刊現代の理論』デジタル版六号 http://gendainoriron.jp/vol.06/index.html を参照されたい）。

差別的言動は容易に差別的取扱いに発展し、さらに虐殺にエスカレートすることがある。沖縄に限らず、中国、朝鮮半島、東南アジア、南洋群島等でも同様の事態が生じたことは言うまでもない。現在でも、沖縄に米軍基地を押しつけ、基地被害を放置し、アジア各地から「研修生」、「留学生」の名目で多くの労働者を呼び寄せ、「奴隷労働」を強いていながらヘイトスピーチを浴びせる一部の日本人。ここには戦前からの連続面が確かに存在する。

三　沖縄人差別の源流と構造

一八七九年、日本国は琉球国を武力で併合し、沖縄県を設置した。筆者は、沖縄県設置によって沖縄は日本の「固有の領土」になったが、「固有本土」ではないため、本土とは異なる法制度下に置かれ、人権侵害が常態化してきた、と論じたことがある（宮平真弥『琉球独立への本標』）。ここでは、法的差別ではなく、社会における沖縄人蔑視をみていく。

象徴的な出来事として、人類館事件が挙げられる。一九〇三年、日本政府主催の第五回内国勧業博覧会が実施された際、会場周辺に見世物小屋が並んだ。そのなかに、「学術人類館」が建てられ、アイヌ、台湾人、朝鮮人、中国人、インド人などと並んで「琉球人」も「陳列」された。

伊佐眞一『沖縄と日本の間で』中巻（琉球新報社、二〇一六年）によると、人類館事件は「たんに目ざとい大阪商人の我欲といっては済まない」事件であり、東京帝国大学理科大学によって推進されていた。具体的には、東京帝国大学教授の坪井正五郎の命を受けて、大阪の人類館に教え子の松村瞭が派遣されている。坪井らが世界各地で収集した土俗品が人類学教室によって貸し出され、松村が陳列などの実務を担当したという。帝大理科大学の沖縄研究を側面から援助したのが農商務省の田代安定であった。

伊佐眞一は、明治期の田島利三郎、坪井正五郎、鳥居龍蔵、田代安定その他の歴史学者、人類学者、教員、役人らによる沖縄調査の数々を検討し、「明治政府が主導して沖縄を調査・視察し」、「学者や教員が学校において教育し、在野の言論が啓蒙したものの沖縄観」があるとし、それは「〝琉球ハ往古ヨリ我ガ国ノ一部分ナリ〟というヤマトによる沖縄支配の論理」であったと述べる。そして沖縄や台湾に向けられる「あたかも珍しいモノを（鳥居のいう『人類学的博物館』で）観る、あるいは陳列して教材にする発想」は、「植民地支配者の視線」だと記している。

また、坪井正五郎の教え子である鳥居龍蔵は、一九〇四年、沖縄県師範学校、沖縄県立高等女学校で生徒の皮膚の色を調査し、「沖縄人の皮膚の色はマレー種族とは異なる傾向であって、日本人のそれに著しく近い」との報告書を作成している。他府県ではありえない調査だろう。伊佐眞一は、「ヤマトの人間が沖縄を日本の『版図』だと表現し」、「ヤマトの知識人が沖縄と日本は『同祖』だ」と言うこと自体、「沖縄がもともと日本の構成員ではなかったことを浮き立たせる」と述べている。なお、同書上・中巻は、伊波普猷が「日本社会の沖縄に対する異邦人視、異人種扱いといった視線」にさらされ、「煮えたぎる憤り」を抱えながら、研究に没頭していく様子を描いている。

人類館事件は、たちの悪い業者によってたまたま発生した事件ではない。琉球国を武力併合して以降、日本国の官・学が一体となって沖縄を植民地同様に扱ってきたことから生じた事件だ。そして官・学の姿勢は民＝日本社会に浸透し、沖縄人蔑視が定着していった。支配者として見下すという姿勢は、軍隊では、「琉球土人」は「日本のための人柱になれ」との意識につながり、沖縄を「捨て石」とする戦争に発展した。

四　沖縄人差別解消に向けて

改めて、「公人」による現在の沖縄人差別を概観しよう。二〇一〇年末、米国務省日本部長（当時）のケビン・メアは、「沖縄の人は日本政府に対するごまかしとゆすりをかける名人だ」などと発言した。安田浩一前掲書は、メア発言を援用した以下のような主張を紹介している。「沖縄の自立をじゃましているのは……戦争の古い話を持ち出して本土にたかる人々と、それに甘える県民です」（池田信夫、ネットメディア「アゴラ」二〇一四年十二月二十九日）。「沖縄の気質は韓国に似ていると思います。彼らの言っていることは、つまるところ『本土はカネよこせ』ですから」（室谷克己『韓国人がタブーにする韓国経済の真実』、共著者三橋貴明、ＰＨＰ研究所）。「日本は懸命に守った。……それを『捨て石にされた』と恨み言を言う。被害者意識は朝鮮のいう『七奪』より酷い」（高山正之、『週刊新潮』二〇一五年八月十三・二十日）。沖縄バッシングと韓国人らへのヘイトスピーチは同じ土壌から発芽している。こういう者たちは日本人以外の外国人やマイノリティを見下す傾向があり、そして沖縄人は日本人ではないとの感覚を有しているのだろう。

ちなみに、ケビン・メアは自身の著書『決断できない日本』（文春新書、二〇一一年）で以下のような虚偽情報を記している。普天間基地周辺にある小学校を政府が移転させようとしたところ、伊波洋一市長（当時）がこれに反対し、「彼はこの小学校の危険性を政治的に利用していました」というのだ。これはまったくのデマであり、米軍や日本政府が小学校を移転させようとしたことはない（沖縄人権協会『戦後沖縄の人権史』高文研、二〇一二年）。いわゆる「普天間第二小学校」デマである。同様のデマは産経新聞（二〇一〇年一月九日付）、百田尚樹も垂れ流している（『月刊ＳＰＡ！』電子版、二〇一五年七月九日）。「普天間第二小学校」デマはインターネットのブログや各種掲示板では、もはや「通説」となっているような惨憺たる状況である。

安田浩一前掲書にもどり、「公人」による沖縄蔑視発言をさらにみていこう。小池百合子（自民党）「沖縄とアラブのマスコミは似ている。超理想主義で明確な反米と反イスラエルだ」。新進党（当時）の西村眞吾「沖縄の心がマインドコントロールされている。言論が封殺されている」。森喜朗（自民党）「沖縄の新聞は共産党に支配されている」。神奈川県議の小島健一（自民党）「基地反対だとかオスプレイ反対だとか毎日のように騒いでいる人たちがいます。これを基地の外にいる方ということで『きちがい』と呼んでおります」。

海上保安庁にいたっては、「在京メディア記者を個別に招集し、沖縄メディアによる一連の辺野古報道は『誤報』であるとレクチャーして」おり、例えば、『琉球新報』が報じた、海上保安官が市民に馬乗りしている写真については、「海中転落を防ぐため」などと説明し、正当化している。しかも「こうした説明を沖縄紙には一切、していない」という卑劣さ。沖縄発の情報は真に受けるなとのメッセージである。

さらに安田浩一は、全国紙記者の沖縄紙に対する的外れな意見を紹介している。「比較的リベラルな」全国紙記者でさえ「あそこは基地のことばかりやっているからね」と語ったという。中央のメディアは、国家権力を監視するという本来の役割を忘れ、国家の流す情報をそのまま伝えるだけの「政府広報」に堕していないか。

以上のように、まず、政治家や官僚の間に沖縄人蔑視があり、彼らの主張を批判的に検討することもなく報じる、あるいは彼らが報じて欲しくないことは報じないメディアを仲介して、日本社会に沖縄への誤解と無関心が定着し、排外主義者の差別的言動を生み出している。排外主義的主張で知られる「日本会議」所属の閣僚、国会・地方議員の増殖及び日本会議の問題点を報じないメディアの姿勢は、沖縄人その他のマイノリティへの差別的言動に拍車をかけていると思われる。

結論に入ろう。沖縄人への差別的言動は存在する。ヘイトスピーチ解消法は、法の対象を「本邦外出身者、その子孫」に限定しているが、沖縄人その他のマイノリティにも適用できるよう、明文化すべきだ。また、「差別的取扱いの禁止」も、規定すべきである。その最たるものは、日本国による沖縄への米軍基地押しつけである。とりわけ、辺野古新基地建設、高江ヘリパッド建設への抗議活動に対する不当弾圧は人権侵害、自己決定権侵害であり、沖縄差別でもある。二〇一六年七月十日の参院選で、辺野古新基地建設及び高江ヘリパッド建設に反対する伊波洋一が、現職大臣島尻安伊子を大差で破って当選した。これをあざ笑うかのように、沖縄防衛局は翌日から高江での工事を開始した。全国から五〇〇人以上の機動隊を動員し、明らかに違法、不当な取締りを続けており、多数の市民が怪我を負わされている。「銃剣とブルドーザー」の再現であり、「琉球土人は日本国の人柱になれ」がいまだに克服されていないことの証左である。「差別的取扱い」を禁止する条文が必要な所以である。もっとも、法改正が実現するかどうかは不透明であり、改正されたとしても、社会の側からの取組みがなければ差別は解消されない。

最後に、今後の日本社会の課題を考えてみよう。日本本土でも辺野古新基地建設、高江ヘリパッド建設に反対する動きがみられる。決して差別的言動だけではない。ただし、まだ少数派である。そして本土の運動は、選挙に結びついていない。直近の衆・参選挙で沖縄選挙区では、すべて辺野古新基地建設に反対する候補が当選している。本土では今年七月の参院選で「改憲勢力」が三分の二を獲得した。本土の有権者、メディア、議員、官僚の姿勢をどうやって変えていくか?

近年、高橋哲哉は米軍基地の「県外移設」を主張し（『沖縄の米軍基地　県外移設を考える』、集英社、二〇一五年）、各地で米軍基地を引き取る運動が発生している。二〇一六年五月十四日、シンポジウム「県外移設から『県外移設』へ～応答する人々　基地引き取り～」（共催・沖縄に基地を押し付けない市民の会、沖縄差別を解消するために沖縄の米軍基地を大阪に引き取る行動）が、大阪府の大正沖縄会館で開催され、長崎、福岡、大阪、新潟、東京で在沖米軍基地を引き取る活動の参加者らが、「米軍基地の押し付けという差別を解消するため、『引き取る行動』に取り組むことが必要だ」と訴えた（『琉球新報』二〇一六年五月十五日）。すでに一九九五年、茨城大学教職員組合は、「県外移設」を訴えており、組合執行委員長だった雨宮昭一は「本土の方で安保条約に賛成でも反対でも人口に応じて基地を全部引き取るべき」と主張していた（『戦後の越え方』、日本経済評論社、二〇一三年）。「県外移設」運動を、本土と沖縄のたんなる基地の押しつけあい、対立の火種にしてはいけない。分断は日米両国政府の思うつぼである。よって、沖縄差別解消につながるような「県外移設」論や運動のあり方を模索していくことは、今後の最重要課題である。参考になる例として、以下のような本土と沖縄の交流を紹介しよう。

二〇一六年二月二十一日、辺野古埋め立に抗議するために国会を取り囲む「二・二一首都圏アクション国会大包囲」が国会議事堂周辺で開かれ、「二万八千人（主催者発表）が参加した。……『全国同時アクション』は二十日、高知で実施され、二十一日は札幌、仙台、富山、名古屋、京都、大阪、岡山でも新基地建設中止を訴えた」（『琉球新報』二〇一六年二月二十二日）。

二〇一六年七月三十一日、東京・全電通ホールで、「辺野古新基地建設断念を求める七・三一全国交流集会」が開催された。一〇時から一八時までの長丁場であったが、立ち見も出る盛況ぶりであった。午後の講演は、高野孟「辺野古をめぐる米国の動向」、白藤博行「辺野古と地方自治」、桜井国俊「公有水面埋め立て承認の誤り」。「沖縄からの訴え」では、中村善幸（ヘリ基地反対協事務局長）、伊波洋一（参議院議員）が登壇した。「まとめと問題提起」を大仲尊（沖縄・一坪反戦地主会関東ブロック）が行なった。沖縄への基地押しつけは、人権及び地方自治の侵害であるとの共通認識をもった本土と沖縄の人たちの「交流」が実現した日であった。

二〇一六年八月十四日、東京と大阪で、「日本軍『慰安婦』メモリアルデーを国連記念日に！　日韓『合意』は解決ではない！」と題する集会が開かれた。大阪では、「沖縄で基地・軍隊を許さない行動する女たちの会」共同代表、「強姦救援センター・沖縄」代表の高里鈴代がゲストとして報告し、沖縄に日本軍慰安所が一四四ヵ所設置されていたことや、戦後六八年の米軍性犯罪について語った。この報告の動画はIWJ（Independent web journal）の以下のウェブサイトから見ることができる（http://iwj.co.jp/wj/open/archives/325532）。これは女性の人権という観点から、本土と沖縄が連帯して問題点を訴えている例である。

レイバーネット公式サイトも、沖縄の状況を報じている。レイバーネットTV第一〇五回は、沖縄・一坪反戦地主会関東ブロックの外間三枝子、山野澄子らが出演し（山城博治も電話出演）、基地被害や辺野古新基地建設の問題点を語っている（http://lntv.labornetjp.org/）。前述のIWJも、記事や動画で沖縄の現状を報じている。『季刊現代の理論』デジタル版は、毎号沖縄関連の論考を掲載、配信している。アジア記者クラブは、定例会で糸数慶子（参議院議員）、キャサリン・ジェーン・フィッシャー（米兵性犯罪サバイバー）、新垣毅（琉球新報）の講演を実現し、『アジア記者クラブ通信』に講演録を掲載している（PDF版を電子メールで受信できる）。

個人として、ブログ、フェイスブック、ツイッター、ユーチューブを駆使して、沖縄の状況を伝え続けている人たちもいる。WAM（アクティブミュージアム 女たちの戦争と平和資料館）やレイバーネットのメーリングリストでは、辺野古、高江で抗議活動に参加した人たちの報告が多数アップされ、抗議集会やイベントの情報が告知されている。沖縄在住者としては、三上智恵、目取真俊のブログがよく知られている。「おきなわ米軍基地問題検証プロジェクト」は、『それってどうなの？　沖縄の基地の話。』をインターネットで配信し、前述の「普天間第二小学校デマ」、「米軍基地反対派は中国の工作員」、「沖縄経済は基地に依存している」といった沖縄に対する誤解を解消するための情報を提供している（冊子としても販売）。

辺野古、高江の不当弾圧はもとより、前述の二万八千人が集った国会包囲集会さえ全国紙はほとんど報じなかった。二〇一六年五月、沖縄女性殺害・死体遺棄事件で元海兵隊員の米軍属が逮捕されたさいも、沖縄と本土では報道に「温度差」があった。テレビや新聞の全国紙が「政府広報」化している現状では、情報収集・発信に、インターネットメディアやSNSを最大限に活用することは必須である。また、抗議集会やシンポジウムなど、あらゆる手段を講じて沖縄の現状を知らしめる必要がある。イベント情報は「辺野古への海上基地建設・ボーリング調査を許さない実行委員会」の公式サイトが詳しい。むろん、『季刊未来』のような小部数ながら、良質な沖縄情報を提供している紙媒体の重要性も増している。辺野古、高江での不当弾圧、基地被害の惨状などを「知らない」がために、沖縄に無関心な者も多数いるだろう。逆に、「知る」ことによって、沖縄差別から脱却できる可能性が高まるだろう。いまこそ、本土と沖縄が同じ目標に向かって知恵を出し合い、行動するときだ。

島の政治的宴《うたげ》のあとで　沖縄・二〇一四年知事選後の新たな政治主体：「沖縄党」生成の可能性

仲宗根 勇

最近の拙著で、わたしはつぎのように書いた。

二〇一四年十一月の沖縄県知事選挙は、沖縄の民意を無視し、海上保安庁、防衛局、警察を総動員し辺野古移設工事に狂奔する安倍内閣、正確にいえば、憲法違反の選挙で選ばれた無資格国会の指名で、「国家権力」を僭窃《せんせつ》している安倍一派による国家悪に立ち向かう民衆蜂起の性格をもたざるをえない。この選挙は沖縄の未来を決する大きな歴史的意義をもつ。

この知事選挙ほど沖縄の歴史にとって、また沖縄の未来を考える有権者にとって大きな意味と影響力をもつ選挙は他にないだろう。

いまや沖縄は、憲法クーデターによって憲法危機を公然化させ戦争国家へひた走る安倍「壊憲」内閣と対峙し、日本国家から受けてきた構造的差別から自立して、沖縄の未来構想を再検証する契機となる歴史的転換点を迎えようとしている。
命どぅ宝（命有っての物種、命こそ宝。）。歴史の審判は近い。

（二〇一四年九月　未來社刊『沖縄差別と闘う――悠久の自立を求めて』二三二頁、六八頁）

二〇一四年十一月十六日、まさしく、その歴史の審判は下った。

安倍内閣が、二〇一三年十二月末の沖縄県知事の辺野古海域の埋め立て承認を錦の御旗にして、県民の八割以上に及ぶ新基地反対の沖縄の民意を無視し、沖縄防衛局、海上保安庁、警察権力を総動員して辺野古新基地工事を強行し、既成事実づくりに狂奔する現実が進行するただなかで、二〇一四年十一月の沖縄県知事選挙は四名の候補者によって争われた。しかし、事実上、現職知事（当時）と袂をわかつことになった新人と三選を目指す知事との一騎討ちとなった。

新基地反対闘争の現場である辺野古のキャンプ・シュワブ前では、ゲート前に結集した抗議デモ隊が沖縄県警によって実力排除され、辺野古の海上においては、海底ボーリング調査などのためのブイやフロートが設置・拡大され、新基地反対の意思表示をする手漕ぎのカヌー隊に対し、令状主義など日本国憲法、刑事訴訟法などを無視し、法的根拠もない海上保安官による暴力団顔まけの暴行・脅迫・肖像権侵害行為が続いているさなかである。

新聞報道で、安倍晋三首相が「辺野古ブイ設置を急げ」と防衛省幹部を叱責したとも報じられた。こうして、安倍内閣の強権的意思と庇護の下で、辺野古の現場における海上保安官などの理不尽な暴力行為が敢行されていることは、もはや疑うことはできない。なんらの現行犯罪の嫌疑がなく海上の平穏を害するおそれもない状態のもとで、カヌーの漕ぎ手の身体に直接的に加えられている海上保安官の実力行使は特別公務員職権濫用罪、特別公務員暴行陵虐罪など種々の犯罪構成要件に該当するものだ。

「県外移設」の公約で再選されながら、埋め立て承認をした知事は、県民に対し三選出馬の意思表明をしないうちに首相官邸において安倍晋三首相に出馬意思を伝えた。それは、はしなくも現職知事の三選が安倍内閣の重要な政治戦略のひとつであることを意味している。そうして、だれよりも真っ先に立候補を表明したのも、その知事であった。

その知事が立候補したことこそが二〇一四年沖縄県知事選挙の様相を決定的に規定することになった。もし、知事が立候補せず、その後継候補が政府自民党の後押しで出馬していたならば、選挙結果は異なるものとなった可能性がある。投票日の四日前、うるま市の「翁長勝利・女性と青年の総決起大会」で演壇に立った翁長夫人の樹子《みきこ》さんが「一票の差では勝ちたくない。仲井眞さんが立候補したことに感謝したい」と述べていたが、正鵠を得た発言であった。県民の現職知事に対する反感が大差での翁長勝利に結びつくことを予言していたのである。知事が出馬表明をする前に自民党県連・公明党県本が翁長雄志擁立を画策したことが、当選後に新聞報道されている。その事実は、その画策に乗らなった翁長氏の「オール沖縄」の政治思想が本物であることのひとつの証拠でもあろう。

独自調査で知事の苦戦が予想されて、政府自民党本部は当初、その支援を躊躇していた。しかし、自民党県連の強い支援要請により、結局、現職知事を推薦をするにいたった。あえて支援要請を続けた自民党県連の政治的センスが疑われるところだ。彼らが現職の三選がありうると本当に信じたのであれば、大浦湾埋め立てを承認するにいたる知事の言動によって、沖縄の民衆が沖縄人としての誇りと自尊心をどれほど傷つけられたかを読めない、その政治的な判断力の欠如は深刻だ。知事本人が敗戦の弁で「想定外の結果」と述べたのも、おのれと世間を知らない人間としての底の浅さを暴露したようなもので、多くの県民の失笑を買ったものだ。

普天間基地の「県外移設」の選挙公約で当選した県選出の五名の自民党国会議員が自民党本部・幹事長の圧力によって、その公約を投げ捨てて「県内移設」容認に転じ、その後、同じく自民党県連が県内移設容認へと変節した果てに、二〇一三年年末の知事の芝居がかった「いい正月が迎えられる」談議の直後、辺野古の海の埋め立て承認がなされた。そして、県民は、承認後の知事の記者会見での支離滅裂な言動など一連のテレビ報道のおぞましい映像を投票日当日にいたるまで、決して忘れはしなかった。安倍政権に操られたと思わせた知事の埋め立て承認の行政行為は、県民に激しい怒りと深い恥辱の感情を呼び起こした。嵐のごとく沸き起こったその県民感情の幅広さと底深さを読みきれず、「アベノミクス」の自画自賛を海外でも繰り返している安倍流の恥ずべき傲慢さで、事態を甘くみた自民党県連が、オゥンゴールで「オール沖縄」陣営に一〇万票差の大勝利を献上したと言うことができる。

知事の埋め立て承認行為に対する県民の激しい反発が、辺野古基地建設の抗議デモ現場から地下水のように広く県内に浸透していった。その反対運動の息吹と結びつき、みずから「真正保守」と称し、二〇一〇年の現職知事再選時の選対本部長で自民党幹事長の経歴も有する翁長雄志を現職知事の対抗馬として擁立する動きが、水面下で多方面から活発化していく。前回の県知事選挙では現職知事を支援した経済界の有力者や翁長支持を理由に自民党県連から除名された那覇市議会の保守系会派に属する議員などによる翁長擁立運動が続けられていた。

そして、二〇一四年九月十三日付けで、社会民主党沖縄県連合、日本共産党沖縄県委員会、沖縄社会大衆党、生活の党沖縄県連、県民ネット会派の五党派の各組織代表者と沖縄県知事予定候補者翁長雄志本人との間で署名押印されて「沖縄県知事選挙に臨む基本姿勢及び組織協定」が締結された。民主党沖縄県連の支持母体である沖縄最大の労働組合組織・連合沖縄も、自主投票を決めた民主党本部の方針に逆らって翁長支持を明確に打ち出した。

しかし、「革新」側の一部には、「保守」のDNAをもつはずの翁長雄志氏の出自やこれまでのその政治歴からして、当選後に政府自民党の「変節」工作に屈し「第二の仲井眞」に変身することを懸念し、その擁立に疑問を呈する声があった。その懸念は多かれ少なかれ翁長支持者の誰もが抱いたものであっただろう。しかし、仲井眞知事の辺野古海域の埋め立て承認を錦の御旗にして、辺野古新基地工事を強行し、既成事実づくりに狂奔している安倍政権の策動を一刻も早く止めるには、辺野古移設の是非とともに、みずからの公約をやぶり圧倒的な民意に反する埋め立て承認をした知事の行政行為、法的瑕疵も疑われるその行政行為にいち早く「NO」の意思表示を示し、知事の三選をはばむ必要があった。その観点から、わたしも前記の拙著において、保革合作の「オール沖縄」型の選挙体制をかろうじて支持したのであった。

翁長候補の支持団体「平和・誇りある豊かさを！　ひやみかち　うまんちゅの会」ニュース№1が「公約違反　現知事ノー　レッドカード！　信念つらぬきブレない翁長雄志」と教宣したのは、そのような有権者の疑念に的確に答えたものであった。

「ひやみかち　うまんちゅの会」（「さあ元気をだそう　民衆の会」というほどの琉球語）には、会長に嘉手納基地のある嘉手納町の元町長、副会長に地元企業の金秀グループ会長、同じくかりゆしグループ最高経営責任者、名護市長、南風原町長の四人を据え、「新基地阻止、『建白書』実現へ　県民の心をひとつに」と訴えた。

こうして、沖縄の政治史上かつてなかった、保革を超えたいわゆる「オール沖縄」の選挙体制が確立された。かって日中戦争勃発により、侵略された中国が日本軍国主義に立ち向かうために、それぞれが中原の鹿を逐っていた中国国民党と中国共産党とが相互間の戦闘をやめ、統一戦線の体制（「国共合作」）を組んで、抗日戦争を戦ったように、「オール沖縄」という選挙戦略も、安倍内閣の強権的な沖縄差別に抵抗するために「保革合作」で構築された沖縄版統一戦線の色彩を有するものとなった。沖縄が沖縄でなくなる（「沖縄アイデンティティ」の喪失）危機意識が保革を超えた沖縄の民衆の間に広く共有されていたことがその背景にある。

他方、三選を目指す知事の側では、前回の知事選同様、建築・土建の国場組など地元の多くの会社組織を束ねた支援企業団を形成したほか、かつて、県内移設反対、オスプレイの配備撤回などを求めて「建白書」に署名した四一の市町村首長たちのうち、うるま市など二七の市町村の首長の写真入り全面カラーの意見広告を地元二紙に数度にわたって掲載した。「決断と実行」の大活字が踊り、今回はじめて明確に県内移設を選挙公約に掲げた「現職知事の再選を応援しています！」とアピールした。

県外移設の「建白書」にかつて署名した事実を臆面もなく覆したこの首長たちは、個人の資格でなく、「うるま市長島袋俊夫」などと首長名義での意見広告を出した。首長名義の方がその首長の地元の有権者に対する影響力が大きいと考えての選挙戦略であったであろう。しかし、それは、首長たちがあたかもその市町村の全住民を代表して現職知事の三選応援をしているかのような誤った印象を与えかねず、いわば首長に「無権代理」された形の地域の有権者住民に対し、影響力はおろか逆に反感・不快感を与えたにすぎなかった。政治の立ち位置を簡単に変える政治信念なきこの二七名の首長たちは、今後の政治家としての運命に大きな汚点を残すことになるだろう。しかし選挙結果は、現職知事を支持した本島のすべての九市で翁長候補が首位に立った。保守首長のいる保守地盤でも翁長候補が躍進したのだから、現職知事の陣営にとってその意見広告はむしろ逆効果だったといえる。有権者が首長名の表象する「長い物に巻かれる」はずだとの前提で大宣伝したこの首長取り込み作戦は、有権者の政治意識のレベルを軽視した選挙参謀たちの前時代的浅知恵を露呈したにすぎない。有権者の政治意識のほうが彼ら選挙参謀たちのそれを凌駕していたわけだ。当選後の翁長氏の第一声も、「オール沖縄」の枠組みは県民が先を行っていて自分たちを待っていたものだと述べていた。

「オール沖縄」の選挙体制の確立に成功した翁長候補のスローガン「イデオロギーよりアイデンティティ」とは何であろうか。

一九六八年の主席公選以来、知事選挙や国政選挙など沖縄における大型選挙は、経済及び本土との一体化を求める「保守」勢力と憲法及び基地撤去・反戦平和を叫ぶ「革新」勢力との保革対立の構図で戦われることが常態化していた。すなわち、保守と革新の単純な二項対立の「イデオロギー」選挙が一貫して続いてきたのであった。

翁長候補の「イデオロギーよりアイデンティティ」というスローガンは、その保革対立の構図を転倒して、日本政府による軍事基地の過剰な押しつけに端的に表現される沖縄差別に対し、沖縄がその自己同一性(アイデンティティ)を失い「沖縄でなくなる」可能性(アイデンティティの喪失)と闘い、「沖縄アイデンティティ」を保持・発展させようとする意思的な呼びかけを意味しているはずである。翁長候補の選挙公約には、他のどの候補者にもない〈「しまくとぅば(沖縄語)」の保存、普及と継承〉が掲げられていることがそのあらわれであろう。翁長候補は、選挙演説のなかで幾度も、明確に沖縄の自己決定権の確立を主張した。すなわち、彼は、沖縄差別と闘うことを選挙スローガンとしてはっきりと打ち出したということができる。

翁長氏の当選を選挙翌日の「朝日新聞」は〈「沖縄の誇り」浸透　翁長氏、対本土全面に党派を超えた国への怒り」〉の見出しをつけて報じた。「沖縄の誇り」にカギ括弧をつけた意味はまさに翁長氏の「沖縄アイデンティティ」の主張が勝因のひとつとなったことを表現しているのであろう。

現行の小選挙区制の下で、日本の野党の多党分裂が自民党に漁夫の利を得せしめ、四割の得票で八割以上の大量の議席を自民党に与え、現在のような安倍独裁を招き、子どもじみた理屈をこねて、やりたい放題の立憲主義破壊の蛮行＝憲法クーデターを許してしまっている。そのような情況下にあって、日本「復帰」後、沖縄の政党組織は東京の本部組織に系列化されて、革新政党はそれぞれの政治綱領にしたがって活動するセクト主義に呪縛されてきた。保守対革新の対立構図での選挙においても、革新政党どうしの共闘体制を組むことはなく、各党は個々バラバラに保守勢力と対抗してきたにすぎない。

しかし、今回の選挙運動のなかで見せた「オール沖縄」体制に結集した革新政党と翁長氏支持の保守派の共闘は、なんとも見事なものであった。各政党はその組織の名をほとんど前面に出さず、個別に運動をしながら、すべて「オール沖縄」の組織の名を連呼する運動形態をとったのであった。政党相互間の交流もかつてないほど活発で、各政党組織がひとつに糾合されて各地にそれぞれの「うまんちゅの会」が組織されていった。各地域においては、その地域の「うまんちゅの会」の活動というかたちで、各政党・組織が独自性を生かしつつ選挙運動をしたのである。すべての運動員は、これまでのセクト主義の呪縛を解いて他のセクトと同志的な感覚で接し、いわば、知事選挙という〈祝祭〉のなかから沖縄社会に新たな社会的連帯の輪が立ち現われた感があった。

安保体制や憲法問題など国家単位の大状況に関する問題について本家本元の路線や綱領の違いに固執すると、ちがう政党組織間にこのような交流は起こりえないだろう。

今回の知事選挙は、基地問題や沖縄の自立・独立など沖縄プロパーの問題は政治的イデオロギーで考えてはならないことに、ようやく多くの沖縄人に気づかせる転換点となった。

こうして、翁長陣営の圧倒的勝利のうちに、つかの間の島の政治的宴《うたげ》は終わった。

今後、この選挙で生まれた「オール沖縄」が組織的永続的に構築されれば、平時においては沖縄社会に伝統的な「イチャリバ　チョゥデイ」(出会えば　兄妹)の社会資源となり、日本国家と対峙して沖縄全体が決定的局面を迎えた緊急時には、必要にして不可欠な沖縄の団結の砦となるだろう。そういう意味で、今回の知事選挙における「オール沖縄」の社会的実験とその成功は沖縄の歴史的財産となるはずである。それが、今後の沖縄の政治世界において政治主体としての存在感を高め、主導的地位を確立しうれば、政治指導者が日本国家にすり寄り、最終的に民衆を裏切った戦後沖縄の〈裏切りの政治史〉に終止符を打つことができるかもしれない。

この政治主体の形成体を仮に「沖縄党」と呼ぶとすれば、将来、沖縄党は沖縄にあるすべての既存の政党党派のゆるやかな上部組織として、沖縄にふりかかる政治的危機や沖縄における政界再編などの局面において、状況変革の核の役割を果たすことが可能となるのではないか。

この文章を書いている二〇一四年十一月二十一日に安倍晋三首相が衆議院を解散した。

国民とすべての政党党派に異論がない「消費増税一〇%への一年半先送り」を国民に問うと

いう、論理破綻の解散理由の裏で、本当は安倍一派の何をねらっての解散総選挙なのか。彼らが、沖縄県知事選挙の大敗北、集団的自衛権承認の憲法解釈変更、特定秘密保護法の強行制定などに煙幕をはって、第三次安倍政権を延長させ、究極的には憲法改訂の最終目標達成に照準を合わせていることは明らかである。解散を告げる安倍晋三の物言いが、まさしく和製ヒトラーよろしく、元気いっぱい眼光するどくギラギラしたファシスト特有のパフォーマンスに自己陶酔していることが、そのことを物語っている。

この総選挙において、沖縄の諸党派が沖縄党に再結集し〈反自民〉の統一戦線の下で戦えば、公約破りの沖縄選出自民党衆議院議員四名を全員落選させることが可能である。そうすれば、安倍晋三の野望に一矢を報いることができて、沖縄における有権者の政治意識の高さ、民主主義の健全さを世界に発信することができる。そして同時に、眠れる日本本土人を呼びさまし安倍内閣打倒のシグナルを沖縄から送る千載一遇の好機ともなろう。

しかし、ここで、各政党党派が党利党略に走って旧来のセクト主義に陥れば、再び安倍自民党に漁夫の利を献呈することになり、安倍一派の野望＝憲法改悪の悪夢のシナリオが現実の日本政治の舞台で演ぜられることを許すことになる。

日本本土の野党勢力が党利党略に走らず、候補者調整などによって〈反自民〉の有権者意思を結集できれば、安倍自民党を過半数割れに追い込み、野党の連立政権樹立も不可能ではない。なぜなら、第二次安倍内閣を誕生させた前回の総選挙での自民党の得票数は、全野党の総得票数より約五〇〇万も少ないのに、議席数は圧倒的多数を獲得している。小選挙区制度の下での野党票の死票化は野党の多党分裂と党利党略が原因だからだ。

野党間協力によって、前回の自民党のひとり勝ちの愚を繰り返さない状況を作り出せるのであれば、憲法改訂を最大目標にしての自己の政権延命という安倍晋三の〈個利個略〉を真の理由とする解散総選挙の結末☆は、まさに安倍晋三という男が「夏の虫」ならぬ「飛んで火に入る冬の虫」に化ける瞬間となろう。

それが、「真冬の夜の夢」に終わらなければよいのだが……。

☆1　二〇一四年十二月十四日施行された解散・総選挙の選挙結果は、沖縄の四つの全選挙区において、「オール沖縄」が支持し辺野古新基地に反対した候補者四名が全員当選し、自民党公認候補四名は全員落選した（比例区で全員復活）。辺野古新基地に反対する沖縄の民意はいっそう明らかになった。しかし、野党間協力もなく野党が多党分立したままでの、根本改正がされないままの現行小選挙区制度のもと、全国的には自民・公明両党は、憲法改正発議に必要な三分の二を超える議席を獲得した。沖縄と本土とのいろいろな意味における落差の大きさが示された。安倍晋三氏を「飛んで火にいる冬の虫」にしたかった私の夢は、やはり「真冬の夜の夢」に終わった。

沖縄・辺野古　新しい民衆運動

仲宗根　勇

二〇一五年十一月二十七日に、法政大学で沖縄文化研究所主催の講義の一環としておこなわれた講演。

辺野古新基地建設問題にいたる歴史的経緯

辺野古の問題について、みなさんはあまりご存じないかたも多くいらっしゃるだろうと思いますが、一般的には、一九九五年九月四日に金武町で女子小学生が三名のアメリカ兵によって暴行されたということで、この事件への県民の怒りが沖縄の全基地の存続を危うくさせる事態に発展するわけです。こうして、復帰後初めての最大の八万五千人の県民大会が開かれることになります。そのころ、大田県知事が米軍基地用地の強制収容のための代理署名を拒否するということもあり、日米の官僚たちが危機感をもつわけです。それで沖縄に関する日米特別行動委員会（ＳＡＣＯ）というものが発足して協議をしはじめるんですが、なぜこの時点でこの小学生暴行事件がこれほどまでの、普天間基地の移設の問題にまでつながっていくほどの怒りを沖縄がもったかというと、ちょうど四〇年前の一九五五年九月三日、米兵が旧石川市に住む永山由美子（六歳）ちゃんを暴行・殺害し、死体が浜辺の塵捨て場から発見されたのですが、このときはちょうど軍用地接収をめぐる闘争のさなかですから、当時の立法院——いまの県議会ですが——とか、のちに県知事になる屋良朝苗さんらの「子どもを守る会」とか、そういうひとたちが立ち上がって、結局この犯人は軍事裁判で死刑の宣告を受けるんですが、アメリカに送還されて、あとはウヤムヤにされてしまうんです。

　そういう前史があって、今回この問題がおおきくなったわけですが、日本側からは外務省と防衛庁、防衛施設庁、アメリカからは国防総省とか軍の代表とかがＳＡＣＯの作業部会をつくって県民の怒りを鎮めようというんで、作業部会を何回かもって基地軽減について協議するんです。日本側は嘉手納基地に普天間を統合しようという案を何回も出すんですが、アメリカ側は海兵隊のいる普天間基地と嘉手納の空軍の使っているところと、北部訓練場といってもっと広い訓練場——高江のあるところですね——は、それぞれ独自にもつべきだというんで、一体運用をやるべきだというんで、統合案に反対するわけです。

　だから最後に返還に合意するまでには、日米首脳会談、クリントンと当時の橋本龍太郎首相——橋本さんはアメリカに行く直前に大田知事と接触して、いま何を一番望んでいるんだというので大田さんが普天間を返してほしい、最優先はそれなんだというんで、橋本さんとしてもこれは深刻に受けとめたようで、クリントンとの会談の最後に普天間の問題を持ち出したら、大統領が最善を尽くしたいと答えた結果、モンデール駐日大使と橋本首相の会談を四回ぐらい開かれ、一九九六年の四月十二日に五年ないし七年以内で県内に代替施設をつくるという条件で返すと正式発表。それでその代替施設をどこに作るのかというのが、SACOでの協議テーマとなり、日本側は最後まで嘉手納統合を主張するんですが、アメリカは将来撤去可能な海上施設を作ると言って、結局、SACOの最終報告が出たのは一九九六年十二月で、この海上施設を作るということになったのですが、その移設先についてはなにも書かれていなかった。その移転先が辺野古であるということは、地上案になったり海上案になったり辺野古の沿岸部になったり転々として現在に至ったわけで、最終的には「キャンプシュワブ辺野古崎地区と隣接する水域」ということになる。すでに一九六六年には、米海兵隊や米海軍が辺野古を埋め立てて原子力空母が入港できるような軍港を計画していたということがわかっています。そのすぐそばには弾薬庫があって、そこから弾薬を運べるような軍港を計画していた。一九九七年にはこの計画を踏まえて米国国防総省によってミサイル搭載エリアも作った辺野古海上基地の基本構想があったということですので、わたしは安倍官邸が「辺野古が唯一の選択肢である」と言いつのっているのは、すでに返還の当初からいまの案でいこうという日米の密約があったんじゃないかなと思っているところです。

辺野古での反対運動の展開・拡大とアメリカ・世界への波及

そういうことで反対運動が起こってくるんですが、最初のうちはきわめて少数のひとがその周辺のオジイとかオバアたちが浜にテントを張って座り込む。海上保安庁もそのときは中立的な立場をとって暴力とかは振るったりはしない。調査のために海上に櫓が立つと、櫓によじ登って阻止をするということになったわけです。そうやって十数名の反対運動から始まるんですが、埋立て承認をした仲井眞前県知事が東京の病院で安倍官邸に拉致同様にされて、沖縄にたいして八年間にわたって三〇〇〇億以上の予算を確保するんだとか、五年以内に普天間基地を停止させるとか、まったく誰が考えても空手形であり、アメリカとの交渉もないことがいまになってわかるんですが、そういうことを条件にして埋め立てを承認するわけです。改選のときの仲井眞の公約も当然、県外移設であったわけでしたので、そういう公約破り、裏切りにたいする怒りと同時に、翁長県知事を誕生させた「オール沖縄」の力がだんだん沖縄の政治世界を圧倒してくると、運動も広がっていって、毎日のように一〇〇名から二〇〇名の県民や全国のひとたちが応援に集まってくるようになったわけです。

それでさっきのビデオにあったように、いろいろな方向から世界から支援の輪が広がるわけですね。ベトナム反戦映画の『プラトーン』を撮った映画監督のオリバー・ストーンさんとか、言語学者のノーム・チョムスキーさんとか、そういう欧米の著名人や識者一〇九名（八月三十日現在）が、このひとたちが連名で移設反対の声明をやるし、九月にはカリフォルニア州のバークレー市議会が全会一致で辺野古の新基地に反対して沖縄を支援するという決議をやりました。そして十一月四日付の『ニューヨーク・タイムズ』が「沖縄県民の意思の否定」という社説を書きました。ある特派員の翻訳で一部を読んでみます。

「暴動鎮圧向けの装備をした警官が老人たちを引きずって排除する。抗議者たちが軍用トラックの前で腕を組み、あるいは地面に横になって抗議する。現地の市長が中央政府を無法だと非難する。知事は日本政府の『弾圧的支配』を糾弾する。これが沖縄の緊迫かつ醜悪なる状況だ。そこでは沖縄県民の長年の、熱のこもった反対を無視してアメリカ軍基地を広範に拡大するという、戦略パートナーである米国とともに作成した日本の計画をめぐって旧来からの闘いがいっそう強まっている。（中略）沖縄県民の怒りの核心にあるのは巨大な不正義だ。日本は米軍のプレゼンスによる安全保障を求め、その代償を沖縄に払わせようと欲している。この島は、上から下まで沖縄県民から奪った土地に建設された軍事基地と、戦争用装備と軍隊に由来する問題によって窒息させられている。騒音、致命的事故、そして米兵による女性への暴行だ。日本と米国は平和、人権、民主主義を堅持する国だと自認している。この主張は、辺野古の行き詰まりを解決できないことによって試されている。」

　こういう内容の『ニューヨーク・タイムズ』の社説もありますし、また十一月十五日にはアメリカの労働総同盟・産業別組合会議（AFL・CIO）の有力な構成団体であるアジア・太平洋系アメリカ人労働者連合（APALA）という六六万人の組合員を擁する組合が「辺野古基地に反対して沖縄の闘いを支援する」という決議をしております。また、島ぐるみ会議の代表団が今月の十五日から二十二日までアメリカに行って、アメリカは、県知事が先にアメリカに行ったときも、これは日本の国内問題なんだということで逃げていたわけですが、アメリカも辺野古問題の当事者なんだということを訴えて、すくなくとも民主主義国であるアメリカが沖縄の民意を無視して工事を強行しようとしている現実にたいして、安倍内閣のこれまでのやりかたについて、沖縄としてはもう安倍内閣に何を言ったってしょうがない、アメリカに訴えよう、すくなくとも差別と黒人にたいする歴史——そのなかからいまや黒人の大統領も出ているアメリカに、すこし希望をもって訴えて来たところです。

新しい民衆運動としての辺野古の新基地反対運動の特殊的体系

沖縄・辺野古の闘いをビデオでご覧いただきました。一般的に民衆運動というものには指導部というものがちゃんとあって、そのもとに大衆がいる、そして大衆が共通の綱領をもっているという、指導部と大衆と共通の綱領、この三つが民衆運動 people's movement の要素だと思うんですが、辺野古の場合はどうか。まず指導部という点はどうか。辺野古のゲート前でははっきりした指導部というのはありません。平和運動センター、ヘリ基地反対協、平和市民連絡会、統一連の四つの組織が毎日交替で現場指揮をとっているわけです。そこにエネルギーを注入するのは「島ぐるみ会議」という県単位のものがありまして、それと無関係に各市町村にまた「島ぐるみ会議」というのがあるわけです。翁長県知事を支えている与党議員団も毎週水曜日は早朝から集まる、そのときは三百人から四百人になりまして、機動隊は人数が多いと手出しはまったくできないわけです。ただ百名内外のときはごぼう抜きをやるわけですね。そういう状態です。

それで指導部がないことのメリットというのがありまして、テントを張った当初のころ、菅官房長官がどうしても撤去させようというんで、沖縄総合事務局（国の出先機関）の沖縄の職員にテント周辺を二十四時間体制で監視させたり、あらゆる手練手管を使って沖縄総合事務局や国交大臣等にテントを撤去させよと求めたのですが、強制執行まではできない。なぜできないかというと、あそこに集まるのは毎日毎日ちがうメンバーであって、その集団の構成員の特定ができない、しかも代表者がいないわけですよね。執行するために必要な特定的な執行債務者というのが法律上存在しないわけですから、法律上、強制執行はできないことになる。ぼくなんかはゲート前でそういう演説をして、結局、撤去はできなかったわけです。

　ことしの十二月十四日にはオール沖縄会議というのが発足して、企業とか平和団体、保守も革新もすべて結集した団体を作ろうということになっています。辺野古の民衆の特徴はどうかというと、参加の特徴は「いつでも、いつまでも、どこからでも・誰でも来れる」出会いの場になっているということですね。有給休暇を使って来るひととか、大学を休学して来る若い青年男女もおられるし、金秀というオール沖縄の運動に参加している――今度の代表団の団長をされたのも、金秀の会長さんですが――金秀グループというのはスーパーマーケットを中核とした沖縄では大きな経済力をもっている経済集団ですが――そこの社員研修もゲート前に派遣されて、ゲート前のひとといっしょに行動して、いっしょにデモもやるという形でやっています。一流の音楽家とか評論家とか作家とか映画俳優とかが来て、お金を出しても聞けないような、ナマの音楽とか声が聞けるわけです。これが楽しいというんで、一回来たらやみつきになって、何度も来るということにもなっているわけです。

「出会いの場」になっているというのは、人間には出会いというのがあって、出会うべき人間が人生にはあるわけですが、あそこではこのひとに出会うべきだったなあというひとに出会えるんですね。そういう出会いもあるんですが、学生時代以来、四十年も五十年も会っていないひとたちに会ったり、そういう出会いの場にもなっているわけです。

ゲート前の「衣」「食」「住」についてですが、まず「衣」については、ゲート前では、女性は「辺野古スタイル」といって、日焼けを防ぐために女性は目だけ出し体全体を隠すような服装になるんですが、男のひとは深編笠か麦わら帽で、マスクなんかしない。マスクをするのは警察官。警察官は顔を見られるのが嫌なんです。嫌なのは、心になにか恥じ入るものをもっているわけですね、沖縄の警察官は。職務柄やっているという生ぬるい側面があって、そういうところで安倍官邸は、警視庁の悪名高い第四機動隊を百名規模で本土から送ってきているわけです。機動隊員たちは、「カヌチャ」という沖縄で最高級の観光ホテルがあるんですが、一泊何万円もするそこに宿泊しているわけです。

次に「食」についてですが、オール沖縄の運動に賛成する「かりゆし」というホテル企業グループが、昨年の夏ころには、お茶とか弁当とか差し入れていたし、一般のひとも無名のひとがお茶やお菓子をなにも言わずに置いて行っちゃうんです。本土から来るひとも、お金のカンパのほかいろいろなもので応援されます。東京のサラリーマンの普通の若い女性がインターネットで呼びかけてお金を集めて、いまゲート前でトイレ送迎用に使っている自動車を送ってくれたり、米どころの人が米を送ったり、船やカヌーまで送られてきているわけです。「住」の面では、ゲート前のテント村でいつも二十四時間ずっと警戒する部隊が十名内外の人が泊まりこんでいます。郵便の宛先が「ゲート前テント村」というだけで番地の記載がないのに全国から配達されるんです。ちゃんと届きます。

参加の形態ですが、組織動員がなくて、まったくひとりひとりが個人的な使命感にもとづいて自腹を切って自主参加をしているんですね。老若の女性の参加がとくに多い。沖縄の昔のことわざに「イナグヤイクサヌサチバイ」というのがあります。「イナグ」というのは女性一般を指す言葉です。「イクサヌサチバイ」とは、「いくさの先走り」。このことわざの意味は「女はいくさの先駆け」という意味ですが、いざというときに女性が強い、勇気をもつんだという。男よりも、いざというときに女が立ち上がるということがことわざとして残っています。これは琉球王国の最盛期だった時代の尚真王が八重山に討伐に行ったときに、軍の先頭に神女の女性がいて勝利をもたらしたんだ、とかいう話からきているようです。戦争法反対のSEALDsとか育児ママたちの参加形態には、われわれの世代の六〇年安保や七〇年闘争の組織動員とは異なり、最近はそのSEALDsの運動の形というのは結局、市民が政治にかかわるのは特別なことではない、ふつうのことなんだという、SEALDs自身が作り出した空気感があって、それはすでに沖縄のゲート前で女性たちが実践してきたものであるわけです。

参加民衆は、本来、規律のもとで行動するというのが一般的なありかたなんですが、沖縄の場合は、歌、三線、踊り、語り、楽器、演奏が飛び交うという、要するに規律はないにひとしいというんで、わたしのことばでは「無規律的規律」（笑）と言うんですが、「闘い」と「遊び」がみごとに融合しているんではないかと思います。大阪の退職教員の方がフェイスブックに書いてあります。これをちょっと読んでみますと、「きのう七月三十一日、辺野古から帰ってきました。自分の目でみて現地の空気を吸って、また熱い思いが湧いてくるのだと思いました。ゲート前は老若男女、カップル、歌う人、詩を朗読する人、踊る人、オジイやオバアの語りで笑いあり、坊さんから問題提起あり、憲法学者が解説したり、福島県から連帯の挨拶があったり、バスをしたてて沖縄各地から議員と島ぐるみで新基地建設反対で集まってきました。辺野古総合大学と呼ばれていることも、一年以上粘り強く抗議が続くのもなるほどと思いました。物々しさや悲壮感でなく、明るく人と人がつながっていくのが感じられました。そして樹木希林さんが突然登場して驚きました。」

わたしに二か月前に、有名な丸山眞男教授の『現代政治の思想と行動』を出されている未來社から出された本（『聞け！オキナワの声――闘争現場に立つ元裁判官が辺野古新基地と憲法クーデターを斬る』）があります。そのオビには《「辺野古総合大学」で圧倒的人気「法学部教授」による憲法・政治の〈臨床学〉》と書かれています。これは、わたしの講演と辺野古総合大学での講義を本にしたものです。

なぜ、沖縄のあの場で島唄や民謡、そういう沖縄的なものが特徴的に現われてきたかというと、やはり日本的というか、本土的な秩序や権威から沖縄の民衆が精神的に脱出しようとする、そういう無意識的なものの現われではないのか。

沖縄社会における直接民主主義の根づき

民衆運動の三つめの要素である政治綱領という点についての辺野古の闘いにどういう特徴があるかというと、はっきりしたものではないんですが、心の底では黙示の政治綱領というのはあるのではないか。それは、沖縄差別にたいするたんなる政治的な抵抗ではなくて、沖縄の自然を守り、沖縄の人間としての自尊心と誇りを取り戻すという全人間的な解放をもとめているということと、中国の弾道ミサイルの標的や北朝鮮、そういうものにたいする危機感ですね。七十年前の沖縄戦で沖縄のひとたちは、軍隊のあるところ、陣地のあるところが爆撃されて犠牲を被ったということは身にしみてわかっているわけです。そういうことの背景にあるのは、やはり歴史的に一六〇九年に薩摩が琉球王国を侵略して、明治維新にいたる廃藩置県、そして今度の大戦において捨て石にされる、本土を守るために持久戦で沖縄戦を長引かせて、そのせいで四名にひとりの県民十数万人が死んだわけです。その記憶が、戦火で体を焼かれ死者の血の混じったドロ水を飲んで生き延びたあの老女――毎日のように闘いの現場に立つ八六歳の島袋文子さんというひとが――ご覧になったひともいると思いますが、映画『戦場ぬ止め《イクサバヌ》』に出てくるおばあさんなんですが――そのひとがほんとうに象徴的にそれを現わしているわけです。文化風土にもいろいろ違うところがあるわけですね。沖縄の暦にはだいたい旧暦というものも書かれているわけです。いまでも糸満という漁業中心の市部ではお正月は旧暦での正月をします。沖縄本島全体は終戦直後からある時期までは旧暦の正月が多かったんですが、復帰後は正月も新暦でおこなうようになっているんです。空気感がちがうというのは、さっきも言ったんですが、沖縄では一九五三年に米国民政府により「土地収用令」が公布され、島ぐるみで米軍基地化反対の土地闘争が始まったときから、沖縄の政治・社会が重要な局面を迎えると県民大会がもたれて十万人もののひとが集まる、沖縄本島の十何パーセントのひとが集まりますから、東京でいえば百四、五十万の集会が何回ももたれたわけです。そういうのがあたりまえの感覚であるわけですよね。

最近、戦争法案に反対して国会前であの八月三十日に十二万人の人間が集まった。にもかかわらず、安倍内閣、安倍自民党が強行採決する、つまり民意と議会が乖離し、要するに代議制が不全である、両者が一致しないということがハッキリしているわけです。沖縄の場合はそもそも復帰するときまで、アメリカ占領下で日本国会に議員を送ってないわけです。代議制がないわけです。日本国憲法は、その前文冒頭で日本国民は正当に選挙された国会における代表者を通じて行動し、というふうになっているんですが、沖縄は二十七年間、米軍の支配のもとにあって、代議制というよりは直接民主主義的に政治を考えるというのが沖縄の民衆の政治観であるわけです。ちがうところは対他意識、他人にたいする意識、他人への痛み、共感ですね。「イチャリバチョーデー」ということばがあります。その意味は「出会えばすぐ兄弟（同様）になる」、という沖縄の俚諺があるんですが、「命どぅ宝」（命こそ宝）というのは、琉球王国の滅亡を描いた「首里城明け渡し」という沖縄芝居のなかで、琉球王が、自分はヤマト日本に引っ張られていくが、皆さんは気を落としてはいけない、「命どぅ宝」と民衆に告げるシーンを脚本のなかで書いたのが源じゃないかと言われています。

辺野古をめぐる今後の闘い

来年の参議院選挙にむけて安倍政権をなんとかしなければいけない、と戦争法案という明白に憲法に違反するような法律を国会が強行採決で通した、そういう事態を前に民主国家日本を取り戻すには、ねじれの状態をもういちど作らなければいけないということで、「オール沖縄」にならって「オールジャパン」ということを構築してやろうとしているわけですが、沖縄の場合は「オール沖縄」の力の源泉にあるのがやはり戦争体験とその継承、銃剣とブルドーザーで二七年間も苛酷な米軍占領支配の時代の記憶を共有しているわけです。翁長知事がいつも言うように、銃剣とブルドーザーで普天間基地はできたんだ、と。それにたいして菅官房長官が、そんなことはわからないと無責任なことを言っているんですが、あの官房長官たちがやっているマキャベリズム的な策動を沖縄の民衆は彼らがどんな美辞麗句を用いても完全に見破っているわけです。それが「オール沖縄」の力の源泉になっているわけですね。ゲート前の民衆のあの闘いの力は代議制を乗り越えて、議員たちをそこへ巻き込んでいる。県会議員も市会議員もそのなかでデモ隊のふつうのひとたちと同じように行動するわけです。だからたんなる代議制を超える、ことばの真の意味における民主主義の政治文化が、いま辺野古のゲート前の反対運動のなかで生まれているんだということです。

その影響を示すひとつの例ですが、作家の澤地久枝さんが俳人の金子兜太さんに「アベ政治を許さない」という字を揮毫してもらったのですが、これは、五月十七日の県民大会で「屈しない」というこれ（ポスターを示しながら）を見てヒントをもらったのだと、雑誌『世界』の九月号で澤地さんが書いています。

反対運動にたいする右翼や民族運動団体あるいはネット右翼の妨害行為とかデマの流布はひどいものがありまして、「辺野古に行くひとは一日五千円ずつもらっているそうだけど、仲宗根さんも週三日も行ってるんならたくさんもらっているんでしょう」なんてね、真顔で言うひとも沖縄のなかにはいるわけです。そして右翼の集団がテントをつぶしに来たり、大音量で反対市民の周辺で下品な言葉で街宣したりする。でも、私たちは、つぶされたら、また作りかえすし、街宣は無視する方法で対抗をしています。

前知事の埋め立て「承認」の現知事による取消しをめぐる攻防

辺野古新基地問題の現段階は、法廷での闘争と現場の闘争、このふたつの闘争がいま同時的に進んでいるんですが、安倍内閣は、使うことのできない法律を使って翁長知事の承認取消しに対抗しているわけですが、それにたいする県の側も対抗措置を繰り出していて、何通りもの法律上の争い・裁判がつづく予定になっています。☆1

本来だと「行政不服審査法」という法律は、行政庁の違法又は不当な処分その他公権力の行使に当たる行為に関し、国民に対して広く行政庁に対する不服申立てのみちを開くことによって簡易迅速な手続きによる国民の権利利益の救済を図るための法律なんだということは、ちゃ

☆1 二〇一四年十一月二十六日の知事選挙で一〇万票の大差で当選した翁長知事は公約を実現すべく、二〇一五年一月二十六日埋め立て承認手続きを検証する第三者委員会を設置した。委員会は同年七月十六日埋め立て承認に法的瑕疵ありとの報告書を提出し、それに基づき知事は同年十月十三日埋め立て承認を取り消した。沖縄防衛局は、行政不服審査法を濫用して県知事の承認取り消しを違法としてその無効を求める審査請求と執行停止を国土交通大臣に申し立てた。同年十月二十七日国土交通大臣は承認取り消し処分の効力を停止する決定をした。そのため工事は止まることなく続行された。これに対し、沖縄県は同年十二月二十五日効力停止決定の取り消しを求める抗告訴訟を那覇地裁に提訴した。また同じ効力停止決定に対し、国地方係争処理委員会への審査申

んとその第一条の冒頭に書かれているんですよ。安倍官邸は、国民の私人としての埋立ての申し立てなんだと主張して強引にこの法律を使って翁長知事の取消し行為の効力を一時停止せよと国交大臣に申し立て、同大臣が決定した。その取消しの有効無効の裁判が確定するまで、取消しの効力が一時停止された結果、現在、工事は進んでいるわけですね。一〇〇名近くの行政法学者が、そんなことはできるはずがないと、こういう法律の使いかたは脱法的だと声明しているとおり、法律の「ホ」も知らないひとたちがやることだと。それはそうでしょう。集団的自衛権の容認なんていう、憲法九条からはまったく導かれないようなことを、最高裁砂川判決というまったく争点がそれと無関係な判決から導き出したりするような内閣ですから、やりたいことは、ファッショ的に憲法や法律を無視してやるわけです。

　そういうふうにいま法廷闘争と現場の闘争があるんですが、その現場の闘争で警備陣の暴力がますますひどくなっている。さっき言った警視庁の機動隊が十一月四日から辺野古に入りました。その日からすぐ逮捕者は出る、けが人が出た。各都道府県警察は相互に協力する義務があるという条文が警察法五十九条にある。六十条ではその助力を求める主体は各都道府県の公安委員会が警察庁に連絡して派遣をしてもらう。その派遣された警察官は、その求めた都道府県の公安委員会の管理のもとで職権を行うとなっているんですが、いま辺野古の現場では、沖縄県機動隊は除け者にされて、東京の安倍官邸から徹底的にやっつけろという指令のもとでこ

立て（同年十一月二日）が却下（同年十二月二十四日）されたのに対し、二〇一六年二月一日、執行停止決定の取り消しを求めて福岡高裁那覇支部に提訴した。

　一方、国は福岡高裁那覇支部に代執行を求める代執行訴訟を二〇一五年十一月十七日にすでに提起していた。

　こうして三つの訴訟が係属しているなかで、二〇一六年一月二十九日代執行訴訟の第三回口頭弁論後に福岡高裁那覇支部からA案、B案の二つの和解案が同時に示され、和解勧告がなされた。そして三月四日、電撃的に和解が成立した。和解において高裁に係属した国・県の訴訟及び沖縄防衛局の審査請求・執行停止申立てを取り下げることに双方同意し訴訟・審査請求・執行停止申立ての係属が消滅した。その結果、国土交通大臣がした承認取り消し

の条文をないがしろにされている状態です。肋骨を折られたひとは何名もいて病院に運ばれている。海では海上保安官がカヌーに乗ったひとのカヌーへ飛び込んできて、カヌーを転覆させ、カヌー操者の首根っこを摑んで海水に押しつけて窒息させようとしたり、取材中の女性映画監督の首を絞めて馬乗りになったりと、国会でも何回も沖縄選出の議員がその「馬乗り」の写真を見せながら質問・抗議したんですが、当時の太田国交大臣は「これは写真の見る角度によって違うんでしょう」とか、そういう暴行の報告はないとかしゃあしゃあと言っているわけです。最近は映画監督やニュースカメラマンたちまでごぼう抜きにして警察車両の囲いの中に囲い込む。それぐらい相当ひどくなっているわけです。

翁長知事は、福岡高裁那覇支部に代執行をもとめて安倍官邸が提訴したときに、これは沖縄差別の現われだというようなことを言っていましたが、今後の民衆の闘いが、従来のように、歌と踊りがあるという、ある意味で「牧歌」的な闘争がこれまでのようにいつまで続くのか、無抵抗の抵抗というのが沖縄の非暴力主義なので、いまは作業車以外はゲート内に入ることを認めているわけです。当然、アメリカ軍の軍用車も自由に出入りすることができるような車が通れる空間をあけて寝ころんでいるんですが、それも、アメリカに当事者意識をもたせ、ショックを与えるには、やはりアメリカ軍車両も通さない、という戦術に切り替えるべきじゃないかという声も出てきている。三里塚みたいな運動になれないというのは、ほとんど女性と老

処分の効力停止決定は失効し、翁長雄志知事がした承認取り消しの行政行為の効力が復活した。そして「沖縄防衛局長は、埋め立て工事を直ちに中止する」（和解条項第2項）ことになったのである。（以後の裁判の展開については「沖縄・全基地撤去へ渦巻く女性遺体遺棄事件の波動——辺野古新基地問題＝裁判上の『和解』後の闘い」註6及び註7をご参照下さい）

人、定年後のひとたち——若いひとたちもいるにはいるんですが、大多数はオジイ、オバアたちが中心にいるんです。オジイ、オバアたちの思いというのは、子孫のために、耐用年数二〇〇年、運用年数四〇年という、米国国防総省の報告書に書いてあるような新基地は作らせないという思いでやっているわけです。だからアメリカに対するショック療法として、もし新基地建設を強行するんだったら、嘉手納空軍基地はじめほかの全基地を撤去する運動を広める大闘争にもっていこうという話もだんだん出てきているわけです[☆2]。

十月十一日には早朝行動といって、午前六時ごろから集まった約五百人が辺野古の機動隊と対峙したんですが、やはり五百人いるとさすがに警視庁機動隊の猛者連も手を上げることができずに、工事車両が入るのを阻止しました。十八日は一二〇〇名が結集し午前中、工事車両を止めました。二五日には七百名で終日、阻止しました。五百〜千名集まれば、工事車両のゲート内入構を止め建設工事を阻止できると思うんですね。

辺野古新基地問題の本質

要するに、沖縄のこの辺野古の新基地問題というのは、安倍政権は沖縄のもつ「地政学上」の位置とか「抑止力」にもとづいてこの基地を作るんだということを言っているんですが、その

☆2 全基地撤去運動の広がりについては同前註4をご参照下さい。

内実は沖縄差別こそが真相ではないのか、従前の安部官邸の主張はその馬脚をあらわしてきている。本格工事を始めるという十月二十九日に中谷防衛相が佐賀県庁に行って、佐賀が反対しているからオスプレイの佐賀空港移設は撤回いたします、とまさに民意に沿った政治決定をおこなっているわけです。ところが沖縄においては、すべての選挙――名護市長選、県知事選、衆議院議員選において――県内移設に反対しないすべて自民党候補者をけっ飛ばして全部落選させた。沖縄の民意は明々白々であるのに、安部官邸は、建設予定地に近い名護市の久辺三区に振興費を名護市を通さず直接交付し「アメ」をばらまき、地方自治体の自治を軽視、憲法の平等権を侵害して地域分断を策し、中央のメディアも操作しつつ国家暴力を使って、基地建設を強行しようとしている。安倍晋三一派というのは沖縄にとって許しがたい人たちです。

この現実を「沖縄差別」と言わずしてなんと言うべきか。沖縄差別にくわえて――二、三日前、最高裁が前回の衆議院選挙は違憲状態であるという判決を下しましたが――有権者全体の約二五パーセント（比例代表で一七パーセント）の支持を得たにすぎない安倍自民党は、違憲（状態）の選挙制度のもとで虚構の絶対多数をもつが、これは言わば、無資格国会であるわけで、そこで指名された安倍総理大臣ですから、安倍内閣というのはほんとうは国家権力を盗みとっているとわたしはいつも言うわけです。以前は、自民党にはいくつもの派閥があって、中選挙区の時代は派閥ごとに候補者が立てられるようになっていたわけです。しかし、現在の小選挙区制になると、自民党内の主流派のみが推薦権をもっていて、ひとりしか推薦しないわけですから、安倍一派に反旗を翻す自民党員はいない、もはや安倍一派独裁になっているわけですね。そういう独裁者がいま、国内の多数派であるかのごとき顔をして、日本のわずか一パーセントの人口の沖縄という国内少数派を圧殺しようとしている。これは、すなわち沖縄の自己決定権を剝奪するということにほかならないわけです。沖縄における地方自治が踏みにじられ日本の民主主義が窒息させられようとしている。他方、沖縄を安保の生け贄にしていいんだという潜在的な意識を本土の多数派のひとたちがもっている、あるいはまったく無関心である。そういうひとたちが安倍の独裁、沖縄圧殺を許しているわけです。ファシストの用語法はつねに真逆です。戦争は平和である、積極的平和主義――まったく反対の積極的戦争主義者、安倍一派がこの沖縄の基地建設を強行すれば、何が起こるのか。日本に、本土にどういう問題を突きつけるのか、ということをわたしは非常に心配をしています。どうもありがとうございました。

沖縄・全基地撤去へ渦巻く女性殺人等遺体遺棄事件の波動　辺野古新基地問題＝裁判上の「和解」後の闘い

仲宗根　勇

任期満了に伴う第一二回沖縄県議会議員選挙（定数四八）が二〇一六年六月五日に投開票された。

今回の県議選挙がとくに注目されたのは、翁長県政に対する県民の中間評価の意味をもったからである。それは同時に、七月にある参院選[☆1]の前哨戦の位置づけがなされていたことから、二〇一四年十一月の県知事選で一〇万票の大差で翁長知事を誕生させた「オール沖縄」にとっても、新基地建設を「唯一の選択肢」として進める安倍自民党にとっても、今後を占う選挙であることが強く意識されていた。

すなわち、二〇一四年の名護市長選挙、県知事選挙、衆院選挙と続いた沖縄におけるすべての選挙において、辺野古新基地反対のすべての候補者が勝利した。

しかし、二〇一六年一月の宜野湾市長選挙においては、辺野古新基地反対を掲げ翁長知事の主導で出馬した「オール沖縄」の新人候補が、政府自民党が肩入れした現職市長に敗退した。現職の強みに加え、県内移設反対を明言せず、普天間基地の早期返還・負担軽減を主張する

「争点ぼかし」の選挙戦術が功を奏した。この敗北は「オール沖縄」の陣営に大きなショックを与えた。二〇一四年のすべての選挙で示された民意の流れが変わったという論調も官邸筋あたりから流布された。

改選前の県議会は翁長与党二四議席、野党・中立が二二議席（二議席欠員）の構成であった。多数与党の過半数割れを意図した政府自民党は、「たしかな成長を、沖縄に」と書かれたポスターを街頭に張り巡らし、テレビやラジオのコマーシャル放送をするなど経済振興・雇用対策などを訴えてこの選挙に周到な準備をした。

翁長知事は、公示前から選挙区の候補者調整に主導的に関わり、選挙運動中は各地の弱体の候補者のテコ入れに懸命に走り回っていた。投票日前日には最大選挙区の那覇市・南部離島区で、知事単独の街宣を「約五時間、スポット演説は二五ケ所に上り候補者さながらの動きで与党への支持の訴えに声をからした」（『沖縄タイムス』六月七日）ほどであった。

選挙の結果は、翁長与党は三増二七議席に伸ばし、安定多数を確保して勝利した。「オール沖縄」候補が敗れた宜野湾市長選の結果によっては、辺野古新基地反対の沖縄全体の民意になんらの地盤変化もしていないことが示された。翁長知事は「大勝利」と述べ勝利宣言をした。「名護市辺野古の新基地建設では、埋め立て承認を取り消し、政府の埋め立て工事が止まっている現状に対し、『一定の理解をいただいた』と強調。選挙を通して『新基地を許さないとい

う県民の誇りと自信と勇気が伝わった』と話した。」（「沖縄タイムス」六月六日）

一方、菅官房長官は、選挙翌日の午前の記者会見で、翁長県政与党が過半数を維持したことについて、地域の事情を踏まえた結果だとしたうえで、アメリカ軍普天間基地の移設計画を推進する政府の方針に変わりはないという考えを示した。菅官房長官は、宜野湾市長選挙で「オール沖縄」候補が敗れたさいは、すぐコメントしたのに、今回は違った。すなわち、県議会の選挙は「地方自治体の選挙であり、政府としてコメントすることは控えたい。地方選挙は、さまざまな地域の事情のなかで行なわれた結果で選ばれたと受けとめている」との述べ、政府が進める普天間基地の「移設」計画への影響について、「わが国を取り巻く安全保障環境がきわめて厳しい状況のなかにあって、日米同盟の抑止力の維持と普天間飛行場の危険除去を考えたときに、辺野古移設は唯一の解決策だという政府の考え方は変わりない」と相変わらずの「辺野古が唯一の解決策」論を繰り返した。

これに対し、翁長知事は、「県議選の結果は、（中略）辺野古移設に影響しないとする政府の考えには『宜野湾市区で辺野古反対の候補二人が当選したのは大きい。」（「沖縄タイムス」同日）「日本の安全保障、日米安保体制の深さを分かることなく、ただただうわべだけで、その場を逃れようと感じられる。日米安保体制を国全体で負担する、と考えることに、まったく深い見識がない。日米地位協定の改定に言及できず、主体性や意思がどこにあるのか、何を考えながら政治をしているのか、私からすると今もって疑問だらけ」（「沖縄タイムス」六月七日）と反論している。

一九四五年の敗戦後、沖縄は「戦後」民主主義下の本土から分離され、米軍の独裁的な裸の占領支配を受け続け、サンフランシスコ講和条約で日本は独立し、本土の占領は一九五二年に終わる。しかし、沖縄は講和条約第三条の軛《くびき》を背負い、一九七二年の核持込み密約・基地強化が実体の、名のみの「復帰」から現在に至るまで過剰負担の米軍軍事基地の重圧に呻吟し続けている。復帰前の沖縄の米軍占領下において、米軍人・軍属とその家族による犯罪事件や基地から派生する事故被害は数限りなく発生した。沖縄に日本国憲法が適用されず、基本的人権の保障がない時代であった。むごたらしい米軍犯罪の多くが闇から闇に葬られ、米軍車両にひき殺される交通事件の被害賠償も無視されるか涙金で泣き寝入りさせられていた。

復帰後もそのような状態はさほど変わらなかった。「県警のまとめによると、一九七二年の本土復帰から二〇一四年までの米軍人・軍属とその家族による刑法犯罪の検挙件数は五八六二件だった。うち、殺人、強盗、放火、強姦の凶悪事件は五七一件で七三七人が検挙された。米兵に民間人が殺害される事件は一二件発生。直近では一九九五年、宜野湾市で女性が海兵隊員に殴られ死亡した。性暴力も繰り返され、強姦事件は未遂を含め、検挙されただけで一二九件に上る。県や『基地・軍隊を許さない行動する女たちの会』の資料によると、民間人に性的暴行を加え殺害する事件は復帰以降、三件発生。七二年に宜野湾市と沖縄市で起きたほか、八二年には名護市でキャンプ・シュワブ所属の海兵隊員が女性を暴行、殺害する事件が起きている。」（「沖縄タイムス」五月二十日）

国土面積の〇・六パーセントにすぎない沖縄に全国の約七四パーセントの在日米軍専用施設が集中する沖縄において米軍人、軍属による事件・事故は明るみに出るのは氷山の一角にすぎないと言われてきたが、県議選が近づく数ヶ月前から立て続けに米軍犯罪事件が発生した。二〇一六年三月には那覇市のホテル内での観光客の女性に対する準強姦罪容疑でキャンプ・シュワブの海軍兵が県警に逮捕され、那覇地裁で現在進行中の裁判で、被告人は犯行事実を認めていると報道されている。この事件に対し、女性・平和団体をはじめ県民が「米軍犯罪の元凶は基地そのものである」として怒りの声をあげた。沖縄県も米軍に対し、綱紀粛正と人権教育の徹底を含めた再発防止を強く求めた。三月二十一日には、その犯人の所属するキャンプ・シュワブのゲート前に二五〇〇名の県民が結集して女性暴行に抗議する緊急集会が開かれた。そこはテント村を中心に辺野古新基地反対のデモと集会が毎日もたれている場所である。四月には大麻と覚せい剤の輸入や所持で米軍関係者が逮捕されている。

このような事件が起こるたび、日米政府は、「綱紀粛正」や「再発防止」を声明してお茶を濁し事態を糊塗してきたにすぎない。沖縄県民は、事件が発生するたびに日米地位協定の抜本的改訂を求め続けてきたが、日米政府の「運用改善」も米国の「好意的配慮」もなんら有効な対策にはならなかったのである。

そうした状況下において、四月二十八日の午後八時頃、うるま市太田の自宅近くでのウォーキングに出かけた二〇歳の会社員の女性が行方不明となった。新聞に行方不明女性の顔写真入りの情報が報道され、公開捜査が続けられていた。そして、五月十九日、元アメリカ海兵隊員で、米空軍嘉手納基地でインターネット関係の仕事をしている男（三二歳）が、沖縄県警によって、死体遺棄容疑で緊急逮捕された（六月九日、県警は男を殺人・強姦致死容疑で再逮捕した）。女性を棒で殴り、暴行し、刃物で刺したという、むごたらしい犯行態様と自供に基づき発見された変わり果てた遺体の情報に県民の誰もが心を引き裂かれる思いで、怒りと悲しみに打ち震えた。米軍基地への県民の怒りのマグマが沸騰し、日米間の普天間基地返還合意に導いた一九九五年九月の三米兵による本島北部での少女暴行事件を念頭に置いた外務省や防衛省は、オバマ大統領の広島訪問を控え「火消し」を急いだ。

岸田外務大臣が十九日深夜ケネディ駐日米大使を外務省に呼び出して抗議し、二十日午前の沖縄関係閣僚会議で菅官房長官は「言語道断だ」と断じて、米軍人・軍属の綱紀粛正と再発防止を強く求めることを再確認した。そして、この「死体遺棄事件を受けて、安倍晋三首相と沖縄県の翁長雄志知事が二十三日、首相官邸で会談した。日米首脳会談でオバマ大統領に『厳正な対処』を求めると約束した首相に対し、翁長氏は大統領との『直談判』を要望」（「朝日新聞」二〇一六年五月二十四日）したが、「翁長氏が要望した面談への（首相の）返答はなかった。翁長氏は会談で『綱紀粛正とか徹底した再発防止はこの数十年間で何百回も聞かされた。現状は何も変わらない』と強調。（中略）安倍内閣は『できることはすべてやる』といつも枕ことばのようにいうが、『できないことはすべてやらない』としか聞こえない。」「地位協定の下では、米国から日本の独立は神話であると言われているような気がする」などと強い憤りを示し、地位協定の改定を求めた。（「沖縄タイムス」二〇一六年五月二十四日）

しかし、二十五日夜のオバマ大統領との首脳会談で、安倍首相は「女性遺体遺棄事件について『断固抗議』し、米国に実効的な再発防止策と厳正な対応を求めた。日米地位協定の改定は求めなかった」（「沖縄タイムス」二〇一六年五月二十六日）。のみならず、首相は米軍普天間飛行場の移設について「辺野古移設が唯一の解決策であるとの立場は変わらない」とオバマ大統領に伝えたのである。オバマ大統領は五月二十六日の朝日新聞との単独インタビューで普天間飛行場移設計画変更の可能性を否定した（「朝日新聞」二〇一六年五月二十七日）。「耳を疑うのは、その首相が共同記者会見で『米軍再編にあたっても、沖縄の皆さんの気持ちに真剣に寄り添うことができなければ、前に進めていくことはできない』と語ったことだ。辺野古移設に反対する沖縄の民意は、度重なる選挙結果に表われている。基地の県内たらい回しが米軍絡みの犯罪の防止につながらないことも明らかだ。首相が県民の気持ちに『寄り添う』思いは多としたい。ならば、首相が大統領に伝えるべきは、普天間の県外・国外移設を求める県民の切実な声と、辺野古移設の断念ではないか。」（「朝日新聞」社説二〇一六年五月二十七日）

一週間後の五月二十七日に迫った県議選の公示日を控え県議選や参院選への影響を抑えたい沖縄の自民党関係議員さえ日米地位協定の抜本的改定を求める声を上げていた。

五月二十日午前七時すぎからと午後〇時すぎからの二度にわたって異なる団体の呼びかけで、米軍嘉手納基地の第一ゲート前でそれぞれ数百人規模の抗議集会がもたれ、沖縄からの「全基地撤去」のスローガンが叫ばれた。翌日五月二十一日午後二時からは、「基地・軍隊を許さない行動する女たちの会」など三六団体の呼びかけで、在沖米軍司令部があるキャンプ瑞慶覧の石平ゲート前（北中城村）に約二〇〇〇人が黒や白の服装で集まり、基地のフェンス沿いの歩道を「全基地撤去」などのプラカードを掲げ無言で歩く異例の抗議行動をした。

そして、五月二十五日の午後二時から米軍嘉手納基地の第一ゲート前で、辺野古の新基地建設に反対する県政与党や企業などでつくる「辺野古新基地を造らせないオール沖縄会議」主催の緊急抗議集会に四〇〇〇人の人々が集まり、基地内に向かって基地撤去のシュプレヒコールが何度も繰り返された。

さらに、「『基地・軍隊を許さない行動する女たちの会』など四六の市民団体が八日夕、『これ以上の基地・軍隊の駐留を認めない！追悼抗議集会』を那覇市古島の教育福祉会館で開いた。約一六〇人が参加し、日米両政府に被害者関係者への謝罪・補償・ケアや、沖縄の全基地・軍隊の撤退などを求める声明を採択した。」（「沖縄タイムス」六月九日）

「米紙ニューヨーク・タイムズは五日、元米海兵隊で軍属の男による女性遺体遺棄事件を受け、沖縄で米軍の駐留に対する抗議がこれまでの歴史のなかで最も高まっているなどと報じた。七ページ目の四分の三のスペースに、抗議する県民らの姿を捉えた写真や地図も併用して詳報する大きな扱いとなっている。（中略）

記事は『先月末、沖縄県議会は在沖海兵隊の撤退を要求する決議案を初めて可決した』と特記した上で、在沖米軍基地を巡る犯罪や騒音などに抗議してきた沖縄の歴史の中で、同決議は『最大の米軍非難』と評した。」（「沖縄タイムス」六月七日平安名純代・米国特約記者の報告記事）

このようにアメリカでも報道されたとおり、五月二十六日、沖縄県議会が、普天間米軍基地の辺野古移設の断念と日米地位協定見直しを求めるとともに、初めて在沖海兵隊撤退要求を入れた画期的な抗議決議をした。さらに、沖縄県内四一の全市町村のうち今月中に可決する予定の離島の六町村を除いた那覇市などの三五市町村ですでに抗議や意見書を可決した。「これまでに抗議決議したほとんどの議会が、綱紀粛正や再発防止策の策定に加えて『日米地位協定の抜本的な見直し』を盛り込んでいる。また、大半が米軍基地の整理・縮小や海兵隊の削減、辺野古新基地建設の断念など、基地負担の軽減を訴えている。中城村議会は地位協定の見直しだけでは根本的な解決にならないと判断し、決議文に地位協定を入れる代わりに『全基地閉鎖撤去』を決議した。」（「沖縄タイムス」六月八日）

同じ問題で県議会と全市町村議会が抗議決議をするのは、二〇一二年のオスプレイ配備反対以来のことである。無残にも帰らぬ死者となった若い命をいたむ県民の悲しみと怒りがいかに大きなものであるかを示している。遺体遺棄事件については神奈川県議会や全国市議会議長会など多くの本土の地方議会などでも日米地位協定改定などの決議がなされている。

いま、県内では広く超党派的な島ぐるみの悲しみと怒りの反基地感情がうずまいている。その反基地感情の高揚が今回の県議選挙で翁長与党の勝利の大きな要因となったといえよう。六月十九日には、数万人規模の県民大会[☆12]が予定されている。県民大会に八万五〇〇〇人が集まった一九九五年の米兵三名による少女暴行事件と同程度かそれ以上の規模の県民大会になると予想されている。それは、また七月の参院選へも大きく影響するであろう。

一九五六年の米議会のプライス勧告に対し、軍用地地料一括払い反対などの土地を守る四原則貫徹を要求し、軍事占領下の沖縄がオール沖縄として展開した「島ぐるみ闘争」以来、県民は「専制と隷従、圧迫と偏狭」（日本国憲法前文）を除去しようと闘ってきた。一旦緩急の際は、人々は、眦《まなじり》を決しつつも、ただただ繰り返し静かに集まり、唄サンシンを弾き鳴らし、カチャーシーを踊り、腕を組んで連帯の輪を広げ強めてきた。それこそが南島特有の特殊的な民衆運動の形であった。辺野古キャンプ・シュワブのゲート前で九〇〇日以上にわたり展開されている現在の新基地反対の沖縄民衆の闘いがその民衆運動の形を典型的に受け継いでいる。

日米両政府は、今回の事件に対して外見的には真剣に受けとめ、まともに対応しているように見えるが、日米地位協定の改定には触れず、これまでどおり日米地位協定の運用の一部改善で事態を収めようとしている。しかし、沖縄の民衆は、翁長知事が安倍首相との会談で直言した通り「綱紀粛正とか徹底した再発防止」ではなにも変わらなかったし、今後も変わらないことをはっきりと意識するようになってきた。五月二十五日の嘉手納集会の【元米兵による残虐な蛮行糾弾！　犠牲者を追悼し米軍の撤退を求める緊急抗議決議】（以下は「嘉手納集会抗議決議」と題する新聞発表文、集会で配布された抗議（案）とは若干異なる）はこう書いている。「米軍人や軍属等による事件・事故は後を絶たない。それはなぜか、日米両政府が戦後七一年間も過重な米軍基地をこの沖縄に押し付けているからである。沖縄県民の怒りはもう限界点を超えた。私たちはもうこれ以上の基地の重圧に耐えることはできない。戦後七一年を経てもなお、在日米軍専用施設の七四パーセントが集中するこの沖縄の現実を日米両政府が直視し、日米両政府の責任で具体的な解決策を取らなければ、戦後最大級の基地撤去運動に発展していく『オール沖縄』の決して屈しない県民運動が展開されるだろう。」（「沖縄タイムス」五月二十六日）

ここで言っている「戦後最大級の基地撤去運動」というのは、辺野古キャンプ・シュワブのゲート前のデモのプラカードなどで多く見られるようになった「全基地撤去」を意味していると思われる。

アメリカの「アジア回帰」戦略に呼応して集団的自衛権を現実化する戦争法を強行採決した安倍内閣は、あらゆる選挙で示された沖縄の圧倒的な民意を無視し、アメとムチを振りかざす。辺野古新基地予定の周辺地域の久辺三区に対し地方自治体・名護市を無視して補助金をばら撒き、警視庁機動隊まで動員して辺野古新基地建設反対県民を暴力的に排除する。そして、配備隠しの果てにオスプレイを配備強行し、南西諸島への自衛隊配備を推し進めている。この現実に対抗するには、沖縄の米軍基地の機能を止める戦術で米国軍事権力を震撼させ、同時に、民主国家＝米国国民の民主的良心を呼び起こすことで、その支援につなげることができるのではないか。その具体的な行動として、在沖米軍基地の全ゲートを人間の鎖で封鎖し米軍車両の民間地域への進入を阻止するという運動論が提起されている。裁判上の和解によって辺野古新基地工事が中止されている現在、定期的に週一回、米軍嘉手納基地の第一ゲート前☆3で早朝から抗議行動が取り組まれているのがその初期段階の試みである。それは、巧言令色かつ二枚舌の安倍政権に対する絶望とアメリカ民主主義へのかすかな期待の表明でもある。

翁長知事が安倍首相にオバマ大統領に直接会いたいと意思表示したのも、安倍内閣に対する明らかな不信の表明であり、少なくとも安倍政治よりは少しはマシなアメリカ民主政治への期待でもあろう。最近、アメリカの八〇人の識者が遺棄事件を受け米政権に沖縄全基地撤去をせよとの声明を発表した。「米国のノーム・チョムスキー氏（マサチューセッツ工科大学）やピーター・カズニック氏（アメリカン大学）ら米国の平和活動家や大学教授ら八〇人は二十六日、元海兵隊員の米軍属による女性遺体事件を受け、沖縄からすべての米軍基地を撤去するよう求めるとともに、オバマ政権に翁長雄志知事ら県側との対話を促す声明を発表した。」

米識者ら声明全文：私たちは最近起きた元米海兵隊員による沖縄の若い女性に対する事件に戦慄を覚える。性犯罪や最近の事件を含め、米軍関係者による沖縄県民に対する犯罪、米軍基地の存在が引き起こす環境破壊は七〇年以上にわたって続いてきた。米国は第二次大戦の終結以来、沖縄に駐留し続け、現在も三三の軍事施設と約二万八千人が残っている。私たちの多くは沖縄を訪れたことがあり、平和を愛する県民が美しい島からの米軍基地の完全撤退を要求していることを支持する。さらに私たちはオバマ政権がこうした犯罪に対処し、米軍基地を閉鎖するために沖縄県の翁長（雄志）知事と話し合う場を持つよう強く促す。（「沖縄タイムス」二〇一六年五月二十九日）

この声明の賛同者でもある「元国防総省職員でベトナム戦争の内幕を記した最高機密文書（通称ペンタゴン・ペーパーズ）を内部告発してニクソン政権を失脚に追いやったダニエル・エルズバーグ氏（八五）は二十八日、沖縄タイムスのインタビューに応じた。女性遺体遺棄事件を巡り『沖縄の人々が米軍基地の完全撤退を求めるのは当然の権利』と述べ、『私は沖縄の人々の要求を心から支持する』と強調した。」（「沖縄タイムス」二〇一六年五月三十一日）

遺体遺棄事件を受け、五月二十七日、在沖米軍は日米地位協定の適用を受ける軍人・軍属とその家族の基地外での飲酒や深夜〇時以降の外出を六月二十四日までの一ヶ月間禁止していた。ところが、六月五日には嘉手納基地所属の米海軍二等兵曹が酒酔い運転の末、民間人に重傷を負わせ、現行犯逮捕された。三月から四月、五月、六月と毎月、米軍、軍属の事件・事故がたてつづけに続いたことになる。事件・事故が起きるたびに日米両政府が叫ぶ再発防止策がまったく実効性がないことが明白となった。

このような米軍、軍属の事件・事故が続発した異常状態のなかで、沖縄県議会が初めて在沖海兵隊撤退の要求を決議し、他の市町村議会の決議にも同じ要求が多く出されている。六月十九日の県民大会[☆4]のスローガンの大きな眼目の一つに〈海兵隊撤退〉が入るものと予想される。今回の事件の加害者がたまたま元海兵隊員であったということと在沖米軍の大部分を海兵隊が占めていることがその根拠となっているものと思われる。

しかし、今回の事件の加害者が元海兵隊員で犯行時米軍属であることは偶然の事実にすぎない。今回の事件の犯罪行為は単に加害者の個人的な反規範的行為であるにとどまらず米軍基地の存在自体が生み出す構造的な犯罪であり、「米軍基地が元凶」という沖縄の民衆の直感こそが正鵠を得ている。前記の六月八日の直近の抗議集会でも全軍隊撤退を求める声明を出している。そこから帰結されるスローガンは〈全基地撤去〉でなければならないはずである。つまり、それがいわば反基地の闘いの最大限綱領となるべきものである。しかし、全基地撤去となれば、県民のごく一部とはいえ米軍基地関係で生活している人々の賛同・参加が得られにくいだろう。そうした現場の運動論から、レベルを一段下げて、最小限綱領としての〈海兵隊撤去〉がスローガン化されたものと思われる。

日米地位協定の対象となる軍人・軍属とその家族による犯罪が基地の存在自体から発生する構造的犯罪である以上、在沖米軍司令部が事件・事故が発生するたびに「綱紀粛正」、「再発防止」を軍人ら個人に呼びかけても、道義的効果以上の決定的な意味をもたないことはもはや明らかである。

その意味でも、八〇人の米国の識者らの「平和を愛する県民が美しい島からの米軍基地の完全撤退を要求していることを支持する。」との声明は誠に正当なものであり、沖縄県民を力強く勇気づけるものである。

今回の事件によって、〈全基地撤去〉が沖縄の反基地闘争のメインの綱領に浮上するとすれば、これまで広く本土を含めた世界的な支援の広がりのなかで九〇〇日を超える闘いが進められている辺野古新基地反対の運動にどのような影響を与えるであろうか。

二〇一三年十二月二十七日、仲井眞知事は沖縄防衛局が同年三月二十二日にした辺野古沿岸部埋め立て申請を承認した。知事再選時の県内移設反対の公約を破り、国の環境影響評価書の環境保全措置では自然環境の保全を図ることは不可能との知事意見も出しながら、仲井眞知事は、申請を「行政手続上適法」として承認したのであった。その仲井眞知事を破って当選した翁長知事は公約を実現すべく、二〇一五年一月二十六日埋め立て承認手続きを検証する第三者委員会を設置した。委員会は同年七月十六日埋め立て承認に法的瑕疵ありとの報告書を提出し、それに基づき知事は同年十月十三日埋め立て承認を取り消した。沖縄防衛局は、行政不服審査法を濫用して県知事の承認取り消しを違法としてその無効を求める審査請求と執行停止を国土交通大臣に申し立てた。同年十月二十七日国土交通大臣は承認取り消し処分の効力を停止する決定をした。これに対し、沖縄県は同年十二月二十五日効力停止決定の取り消しを求める抗告訴訟を那覇地裁に提訴した。また同じ効力停止決定に対し、国地方係争処理委員会への審査申立て（同年十一月二日）が却下（同年十二月二十四日）されたのに対し、二〇一六年二月一日、執行停止決定の取り消しを求めて福岡高裁那覇支部に提訴した。こうして、二つの訴訟を県が提訴せざるをえなかったのは、農水相によって県知事の沖縄防衛局に対する作業停止指示の効力が二〇一五年三月三十日に停止された過去から学ばず、沖縄県が再び同じ轍を踏み、取り消しの効力停止決定を阻止する法的手段（国土交通大臣による執行停止決定前にすべき行政事件訴訟法三七条の四～五、三条七項の差止めの訴え提起・仮の差止め申立て）があったにもかかわらず、取り消しの効力停止決定をなすがまま許してしまった結果に他ならない。一方、国は福岡高裁那覇支部に代執行を求める代執行訴訟を二〇一五年十一月十七日に提起していた。こうして三つの訴訟が係属しているなかで、二〇一六年一月二十九日代執行訴訟の第三回口頭弁論後に福岡高裁那覇支部からA案、B案の二つの和解案が同時に示され、和解勧告がなされた。そして三月四日電撃的に和解が成立した。和解において高裁支部に係属した国・県の訴訟及び沖縄防衛局の審査請求・執行停止申立てを取り下げることに双方同意し訴訟・審査請求・執行停止申立ての係属が消滅した。その結果、国土交通大臣がした承認取り消し処分の効力停止決定は失効し、翁長雄志知事がした承認取り消しの行政行為の効力が復活した。そして「沖縄防衛局長は、埋め立て工事を直ちに中止する」（和解条項第二項）ことになったのである。（二つの和解案の内容が報道された直後から、私は、和解勧告の時期・方法についての異例の訴訟指揮の仕方や和解案の作成者・内容などを疑問視した。成立した和解条項第9項に潜む重要な問題点については註7を参照してください。）

和解条項に基づいて、前知事の埋め立て承認を取り消した翁長知事の行政行為の取り消しを国が指示したことの適否を審査している国地方係争処理委員会の審査結果は九〇日という法定審査期限内の六月二十一日までに出される。その結果、いずれにしても地方自治法上の是正の指示の取消訴訟が裁判所に提起される。[☆5] 和解条項第八項に基づき、その裁判の判決確定まで円満解決に向けた協議が行なわれ、工事もその間止まっている状態が続くことになる。今回の事件に関連して、安倍首相が「辺野古移設が唯一の解決策であるとの立場は変わらない」とオバマ大統領に伝え、菅官房長官も「辺野古唯一論」を繰り返しており、彼らが確信している国勝訴裁判の結果に基づき和解条項第9項[☆6]によって新基地建設を強行する安倍内閣の政治的＝訴訟的戦略が透けて見える。それに対して、今回の悲劇的な事件を契機に、辺野古新建設以外の嘉手納基地を含む全在沖米軍基地をターゲットにする〈全基地撤去〉が沖縄の世論として大きくクローズアップされ、実践されたら、それは、辺野古新基地建設強行に対する沖縄民衆がもつ強力なカウンター・パワーとして働くことになるだろう。

いずれにせよ、日本国憲法を無視し立憲主義を破壊しつつ明文改憲をもたくらむ安倍内閣による、憲法クーデターともいうべき憲法の危機的状況が進むなかで、七月の参院選挙が迫っている。この選挙は日本の運命を決める歴史的な分岐点となるであろう。すべての一人区での野党共闘は成立した。憲法危機と戦争危機（強行採決された違憲無効の戦争法）を国民が真に認識し考え投票所に足を運び、五〇パーセント近い現在の投票棄権率がせめて四〇パーセント以下に下がれば、今度こそ安倍晋三のファッショ的野望を挫《くじ》くことができるだろう。

沖縄の環境と未来と誇りを守るとともに、極右組織「日本会議」人脈をバックにした安倍晋三ファッショ内閣による世界に冠たる日本国憲法の改悪策動を許さない、平和と人権を守る沖縄における辺野古・高江の闘いは、人類史的な価値ある日本国憲法改悪阻止の闘いのフロントに立つ。

☆1――――二〇一六年七月十日投開票された第二四回参院選の沖縄選挙区（改選数一）では、名護市辺野古への新基地建設の是非を最大の争点として、無所属新人で元宜野湾市長伊波洋一氏（六四）と自民党公認で公明、維新が推薦した現職の沖縄担当相の島尻安伊子氏（五一）とが事実上一騎打ちの選挙戦を展開した。その結果は、オール沖縄が支持し辺野古新基地反対を掲げた伊波氏が三五万六三五五票を獲得、島尻氏に一〇万六四〇〇票の大差をつけて勝利し、辺野古新基地反対の沖縄県民の民意があらためて示された。（島尻氏の得票数二四万九九五五、第三の候補者の得票数九九三七　投票率五四・四六％）

しかし、全国的には自民・公明で改選過半数を上回る議席を得て非改選と合わせ憲法改定に賛同する勢力は、国会発議に必要な全議席の三分の二超（一六二議席以上）となった。三二の改選一人区で候補一本化をした野党共闘は一一勝に終わり、民進党は改選前議席を大きく減らし、共産党は目標には届かなかったが改選前三から六へ議席を伸ばした。衆院ではすでに自民公明両党で三分の二の議席を占めているから、遠からず断行されるだろう衆院の解散・総選挙でも、沖縄以外の本土の国民がなお現在の国会の党派構成を許せば、憲法改悪の足音はますます大きくなり、国民がそれと気づいたときにはすでに遅く、安倍晋三一派の復古的〝ファッショ政治が実現していることであろう。

☆2――――二〇歳のうるま市の女性に対する元米海兵隊員（三二歳）による殺人・強姦致死・死体遺棄事件が二〇一六年五月十九日の被疑者の逮捕・自供で明らかになった。残忍な犯行態様と発見された遺体の報道に一九五五年九月の米兵によるうるま市（旧石川市）の六歳の少女殺害・暴行事件など、米軍基地があるゆえに起こった数々の米軍犯罪についての人々の記憶が蘇った。県民に深い悲しみと怒りが広がった。

六月十九日、那覇市奥武山陸上競技場において「オール沖縄会議」の主催で、元米兵暴行殺人事件の「被害者を追悼し、海兵隊の撤退を求める県民大会」が開かれた。真昼の焼けつくような日差しの中で黒衣の約六万五千人の参列者が被害者を追悼する鎮魂と祈りを捧げた。集会の中で読み上げられた、全基地撤去と新基地建設断念を求めた被害者の父親のメッセージの思いの深さに人々は心打たれた。「全基地撤去」という言葉がそれ以後、いろいろなところ、いろいろなときに人々の口から叫ばれるようになった。挨拶に立った翁長知事は、海兵隊撤退と辺野古新基地は絶対に作らせないとの不退転の決意を述べ、悲しみに包まれた参加者に対し、二〇一五年五月十七日の県民大会でしたように「グスーヨー　マキテーナイビランドー！　ワッタアー　ウチナーンチュヌクワンマガ、マムティイチャビラ、チバラナヤーサイ」（みなさん、負けてはなりませんよ！　私たち沖縄の子孫を守っていきましょう。頑張ろうではありませんか」）とトレードマークの沖縄言葉（ウチナーグチ）で悲壮な呼びかけをした。

☆3――――二〇一六年四月に第一ゲート前から始まった嘉手納ピース・アクションは、現在では嘉手納基地を囲むすべてのゲート前（第一ゲート前、第二ゲート前、第三ゲート前、第五ゲート前。第四ゲートは閉鎖中）に拡大され、毎週金曜日の午前七時から約一時間、毎回百名前後の市民が「全基地撤去」（Close all bases）などのプラカードを米軍車両に示してシュプレヒコールをあげ歌やデモ行進を行なっている。現在まで延べ約四千人の県民のほか仏教団体やＶＦＰ（平和のための米国退役軍人の会）の面々なども参加したことがある。

☆4――――大会決議の内容は、日米両政府に対し遺族及び県民に対しての改めての謝罪と完全な補償を行なうこと、在沖米海兵隊の撤退及び米軍基地の大幅な整理・縮小、県内移設によらない普天間飛行場の閉鎖・撤去を行うこと、日米地位協定の抜本的改定を行なうことの三点であった。

大会決議は、「全基地撤去」を求めた父親のレベルには達しない内容であったが、その決議案にさえ不服として自民党、大阪維新の県関係国会議員は大会に参加しなかったのであった。同じ日、国内では県民大会に呼応して、国会正門前では一万人が参加した集会がもたれ、札幌市、横浜市、名古屋市、京都市、福井市など四一都道府県の六九箇所で抗議集会が開かれていることを司会者が報告した。また、米国CBSTVや中国、ロシアの国営TV、フランスの通信社などが現地取材に駆けつけ、欧米メディアが大会の詳細な模様を一斉に報道した。

☆5――――しかし、是正指示の適法性を審査していた国地方係争処理委員会（係争委）は、二〇一六年六月十七日審査を終了。国と県との協議を「最善の道」として、国の是正指示が地方自治法二四五条の七第一項の規定に適合するか否かについて判断をしない結論を出したので、和解条項第5項または第6項に基づき、県が同法所定の是正の指示の取消訴訟を提起すべき根拠は失われた。その結果、県は、係争委が勧めた協議の継続を求め提訴はしなかった。だが、同年七月二十二日、石井国交相は是正の指示に従わないのは違法として知事を相手に不作為の違法確認訴訟を福岡高裁那覇支部に提起した（同じ日、高江のオスプレイパット基地建設に反対する市民に大阪府警はじめ本土から派遣された機動隊員八〇〇人が暴力的に襲いかかり、裁判によらないで反対派所有のテント小屋・自動車などを強制撤去した）。菅義偉官房長官は、その訴訟提起が三月四日の和解条項の範囲内であることを強調し、国も第一回口頭弁論で違法確認訴訟は和解条項に従って行なわれるものであると主張した。その主張の狙いは、和解条項第9項（後註6参照）を生かすためであろうと考えられる。しかし、その確認訴訟が和解条項とは無関係のものであり、それとは局面を異にしたまったく新たな訴訟であることは疑問の余地はないから、そもそも、第5項または第6項に基づく是正の指示の取消訴訟の存在を前提とする第9項が働く余地がないことは明らかである。

福岡高裁那覇支部は一回で結審をすべきとの国の主張に沿って八月十九日第二回弁論で結審。八人の専門家などの県側の証人申請をすべて却下し知事の本人尋問だけを実施しただけで、同支部は、九月十六日、国の主張を全面的に認め、知事が国の是正指示に従わないのは違法であることを確認する、との確認判決を言い渡した。

九月二十三日、県は高裁判決を不服として最高裁へ上告したが、十二月二十日上告棄却され県側の敗訴が確定した。判決を受けて、本来、確認訴訟の確定判決に執行力はないため翁長知事自らした埋め立て承認取り消し処分の取り消しをする必要も理由もないのに、知事は十二月二十六日（連休が重なり判決後実質三日後）に埋め立て承認取り消しの取り消しをした。その結果、前知事の埋め立て承認の効力が復活し、三月四日の和解成立以来中止されていた辺野古新基地の工事が翌日二十七日から再開されるに至った。現在、工事は合法的に進められている。翁長知事の十二月二十六日の「取り消し」による工事再開で、今後、知事がさらに強硬な姿勢を見せている「辺野古新基地建設絶対阻止」の手段たる知事権限行使に決定的なマイナス状況を生じさせ、現場で闘う県民がいっそう過剰強大な警備暴力に晒されることになることは目に見えている。しかし、知事からは「取り消し」前に県民に対しなんらの説明もなかった。二十六日早朝から県庁ロビーには一〇〇人を超える県民が集結し「承認取り消しの取り消し」をしないよう要請したが、その頃には知事は在庁せず、知事公舎で警察に厳重警備されたなかで自民党の二階幹事長と会談をしていた。その日の午後、上京のために来た那覇空港において、記者団の質問に答えるかたちで「取り消し」の発表がなされたにすぎないものであった。「沖縄タイムス」は翌二十七日の社説で、当然ながら「改めて正式な記者会見を開き、県民への説明を求めたい」と強調した。翁長知事の一二・二六の独断的・不可解な行動の結果は、日時が経過すればするほど新基地建設に反対する沖縄をじわじわと苦境に追い込み、辺野古新基地問題だけに止まらず、沖縄の政治世界、「オール沖縄」の政治勢力のありようを揺るがす大きな問題へ発展することが予想される。

☆6――――二〇一六年三月四日に国・県との間で成立した全一〇項からなる和解のなかにある「和解条項第9項」とは、次のような条項である。

「原告（国）および利害関係人（沖縄防衛局長）と被告（沖縄県）は、是正の指示の取消訴訟判決確定後は、直ちに、同判決に従い、同主文およびそれを導く理由の趣旨に沿った手続を実施するとともに、その後も同趣旨に従って互いに協力して誠実に対応することを相互に確約する。」

和解成立の直後から私は新聞紙上や辺野古・キャンプシュワーブ前の反対集会における挨拶（＝小演説）などで、県が敗訴した場合は県は辺野古新基地建設阻止をめぐる対抗手段を完全に封殺されかねないワナが、この9項中のなにげない文言に仕組まれている、と警告を発し続けてきた。すなわち、第9項が主文のほか「およびそれを導く理由の趣旨に沿った手続を実施するとともに、その後も同趣旨に従って」ととくに規定していることに基づき県が落ち込む不利益・危険性である。というのは、民事訴訟法第一一四条1項（「確定判決は、主文に包含されるものに限り、既判力を有する」）の条文解釈によって、判決の既判力や執行力の働く範囲は判決の結論部分である主文が基準となり主文の判断を導くにいたった事実や判断経路を示す判決理由には同条2項で唯一の例外を認める相殺の抗弁を除き既判力等は認められないとするのが伝統的解釈である（「争点効の理論」など理由中の判断に拘束力を認める学説はある）。つまり、確定判決の主文だけにしか既判力は生じないのが民事訴訟法の原則だが、9項により、主文の他に判決理由によっても県は当然に拘束され、「その後も同趣旨に従って」の「対応」を「確約」してしまっていることである。民事訴訟法第一一四条1項の解釈論と関係なく和解成立の効果として、判決理由の内容いかんによっては、岩礁破砕許可や工事進行の過程で今後、必然的に生ずる工事の設計変更に伴う承認など知事がもつ権限の行使のほか、行政行為の「取消」のほか公益上の必要から認められる行政行為の「撤回」（前知事の埋め立て承認の撤回）というカードさえも第9項で規定されている判決理由の遵守義務を盾に国が抗弁事由として争うことになるだろう。この第9項にこそ、「工事中止」を見せ金としつつ、安倍官邸が三月四日の和解にかけた新基地工事強行突破戦略の秘密が隠されていると、私は考える。

その9項実行のための国の周到なアリバイ的訴訟行為が違法確認訴訟の口頭弁論で実行された。翁長知事への反対尋問で、国側は、「判決に従うかどうか」と執拗に何度も質問したことを詳細な尋問報道が伝えた。また安倍首相も和解成立後の会見で第9項の文言を繰り返し繰り返し強調した。沖縄県が将来主張するだろう対抗手段を切断するための国のしたたかな策動である。しかし、十二月二十日、上告棄却され県が敗訴した違法確認訴訟は和解条項第5項または第6項の是正の指示の取消訴訟ではないから、前注5で述べた通り、国は第9項を盾にした法廷闘争は法律上不可能なはずだが、安倍内閣の政治的＝訴訟戦略はまさに第9項を起動させ沖縄県の法的主張を排斥すること、その一点に集中していることは明らかである。そのことは、違法確認訴訟を提起した二〇一六年七月二十二日の前日二十一日の知事らと官房長官らとの協議会において、『確定判決には従うことを翁長知事に確認した』ことを官房長官が同日午後の記者会見で三度も繰り返した事実（朝日新聞七月二十二日）や常套句になった「日本は法治国家」発言、国の代理人の法廷での知事質問などから容易に推測できる。

第二部　沖縄文化の根と飛翔のダイナミックス

「WHAT A WILD WORLD OKINAWA」をめぐって

仲里　効

そしてひとつのコトバが残った。

「WHAT A WILD WORLD OKINAWA」――沖縄の戦後美術の世界にはじめてポップアートを取り入れ、ひときわ強い個性を放ち、二〇一五年二月二十日に亡くなった真喜志勉の作品に挿入されていた文字である。最後の個展となった昨年十月の「黙視」は、沖縄を取り巻く理不尽な事象を、大胆にコラージュしたものだったが、その文字はすべての作品に使われていた。

　画面上部を覆うＭＶオスプレイ、画面下には飛び立とうとする米軍戦闘機、中央部には黒い塊が横を切り、その先端部分が飛び散っている構図をマトリクスにして、それを微妙に変奏しシャッフルさせつつ反復していくように作品はシリーズ化されていく。中央部の黒い塊は、「海猿」と呼ばれる海上保安庁の警備のゴムボートをデフォルメしたものだという。そしてその黒い塊のなかの四角の枠に、「WHAT A WILD WORLD OKINAWA」の白の文字が書き印されている。

沖縄の圧倒的反対の民意を無視して普天間基地に配備された、アメリカ軍の最新鋭輸送機MVオスプレイの「オスプレイ」は、タカ目の猛禽類の一種である「ミサゴ」を意味し、嘉手納基地に配備されているF—15イーグル戦闘機は文字通りの「鷲」で、それに新基地建設に反対する沖縄の意思を踏み躙って、強行されようとしている埋め立て工事にむけての作業に日本の海上保安庁の「海猿」が動員される。海難救助を題材にした映画で知られる「海猿」は、沖縄では牙を剝く猛禽に変身するところに沖縄がおかれている例外状態がわかるというものだ。

画家は沖縄の〝いま〟の暴力的イメージを、「ミサゴ」と「ワシ」と「海猿」とのトライアングルな図像に構造化してみせた。それを「黙視」と名づけた。「黙視」とはまたなんと奇妙で非対称的な名づけだろう。というよりも、視る主体に強く問いかける。ただ視ること、黙って視ることにおいて、「ミサゴ」と「ワシ」と「海猿」のトライアングルな結界に刻み込まれた「WHAT A WILD WORLD OKINAWA」という声も聴き取ることができるというものだ。そのとき目は耳になる。いや、「黙視」において目と耳は別種の器官ではなく、コンバインされ目のような耳、耳のような目になる。「WHAT A WILD WORLD OKINAWA」は、ルイ・アームストロングが歌い、あまねく知れ渡っている名曲「WHAT A WONDERFUL WORLD」のパロディ化であることは明らかだが、しかしそのパロディ化はまた沖縄の現実の韻を踏んだ転倒にもなっている。ここでは反復は単に繰り返しではない。図像と文字は微妙に位置を変え、まるで細胞が分裂するようにイメージを増殖し、重層化していく。

「WHAT A WONDERFUL WORLD」と「WHAT A WILD WORLD OKINAWA」、この変奏と反転は「ミサゴ」と「ワシ」と「海猿」のトライアングルな結界へと目と耳を誘い入れる。そして目のような耳、耳のような目において「WHAT A WILD WORLD OKINAWA」が、ほかならぬ沖縄が日米合作の「軍事植民地」であることの言い換えであることに気づかされるだろう。一九九五年に沖縄島北部の金武町で三人の米兵によって少女が拉致され強姦された事件をきっかけにして地鳴りのように湧き起こった沖縄の異議申し立てを鎮めるため、普天間基地の返還を柱にした日米の軍事再編計画は、だが、実際は名護市辺野古のキャンプシュワブ周辺海域を埋め立てた新基地建設とパッケージになっていた。その後いくつもの曲折を経て、二十年後のいま、日米の軍事再編は一人の戦後美術家の想像力によって「ミサゴ」と「ワシ」と「海猿」の図像が組み合わされたミリタントな姿をあらわにした。

真喜志勉は、沖縄の前衛美術の渦の尖端にいた一人だが、ここ数年、自らのアメリカ体験とアメリカに対する両義的な意識に向き合いつつ、沖縄におけるアメリカニゼーションを図像と文字の組合せで作品化していた。二〇一一年の個展では、地下鉄の排気口から吹き上げてくる風に煽られたスカートを、腰をひねりながら押さえているマリリン・モンローのあの妖艶な図像を引用し、「I LOVE MARILYN, NOT MARINE」という、これまた韻を踏むように沖縄の視点によって変声させ、変奏していく。愛するのはマリリンであって、マリンではない、という文句に、翌一二年の「SHADOW DRAWING」(影絵)では、CH型のヘリに代わって配備される最新鋭のMVオスプレイの機影を大胆に取り入れていた。このオスプレイのモチーフは一三年の個展になるとより明確に主題化されていった。

個展のDMはこんな洒脱で風刺の効いた言葉で誘いかけた。「白内障でカスんでた目が/ドクターのオペを受け/クリアな視界が帰ってきた/あのオスプレイもクッキリ見える/しかし、パイロットが女性だと/メスプレイと呼ぶんだって……/ホンマでっか?」。個展のタイトルは「開眼」だという。オスプレイにメスプレイを掛け合わせ、暴力的なるものを虚仮にしてみせるところは、いかにもポップアートな作家らしいが、作品のなかでリフレーンされる〈FUTENMA→HENOKO→ODAIBA〉の名と矢印によって、普天間基地の「移設先」が辺野古であることを「唯一の解決策」と言って憚らない日本政府の擬制の前提を風刺の毒によって突き抜けようとする意図が読みとれる。国家が引く境界を大きく逸脱し、既成概念の向こうへと眼差しを誘い出す。

「辺野古が唯一の解決策」だとする国家の都合は〈FUTENMA→HENOKO〉の矢印を引く。その矢印はけっして外へ向うことはなく、沖縄の内部で矛盾をたらい回す構造は変わることはない。しかし、沖縄の内部に閉じ込めていた矢印が外へと向かい、しかもその向かうところが

〈ODAIBA〉となるとどうなるだろう。冗談を言っているわけではない、いや、たしかにこれは冗談に違いないが、しかしその矢は日本国家と国民の常識のまさしく〝お台場〟を射抜く。ここでの〈ODAIBA〉とは、霞ヶ関や永田町とともにドメスティックな繁栄が凝集された場であり、同時にそれは基地を沖縄の内部に閉じ込めている政治と鏡像的関係にある。一人の表現者の境界を逸脱していく風刺の毒が一本の矢印を装塡するとき、「唯一の解決策」の〈唯一〉の虚構が沖縄の視点で変換されるのだ。時代を喰い、権力を喰い、人の常識を喰う、トム・マックスこと真喜志勉とはそんな毒をユーモアのうちに盛って世界を裏返す端倪すべからざる表現者だった。

こうしてみると、ここ数年の真喜志勉の試みは、マスイメージ化された図像や文字を支持体に引用し、それを反復していく作法で沖縄の時事を独自に読み破り、裏返していった、と言えないだろうか。だれもがいちどは目にしたマリリンの図像、それをコラージュし「I LOVE MARILYN, NOT MARINE」とラディカルに逸脱させる。そして誰もがいちどは聴いたことがあるルイ・アームストロングの「WHAT A WONDERFUL WORLD」、その歌を「WHAT A WILD WORLD OKINAWA」と換骨奪胎し、沖縄の声にしていく。この反復と転倒、逸脱と変成は、相互に参照し合い、沖縄をめぐるイメージの政治を刷新する。最後の個展となった「黙視」での「ミサゴ」と「イーグル」と「海猿」のトライアングルな交差に「WHAT A

WILD WORLD OKINAWA」の文字を微妙なズレを挟みながらモンタージュしていく真喜志勉の試みは、沖縄の空と海を覆う不条理を鮮やかに描出してみせた。

「I LOVE MARILYN, NOT MARINE」と「WHAT A WILD WORLD OKINAWA」、〈愛するのはマリリンであってマリンではない〉と〈なんてひどすぎる沖縄〉、そうしたフレーズの考案は、真喜志のアメリカに対する個人史的な体験からくるものであったにしても、それ以上に、沖縄の戦後ならぬ戦後がその深部において黙視したアメリカの影への応答でもあるのだ。

少女レイプ事件の衝撃とはじまりのメッセージ

沖縄の戦後美術にはじめてポップアートを取り入れ、前衛芸術の渦を作った真喜志勉の最後の個展で、沖縄の〝いま〟を「WHAT A WILD WORLD OKINAWA」という言葉で言い当てる意識のコンディションは、遡れば一九九五年九月に三人の米兵による少女レイプ事件とその事件をきっかけにしてうねりはじめた民衆意識と共振し合っている。そしてそのうねりは、八万五千の人々が参集し「復帰」後最大と呼ばれた10・21少女暴行事件に抗議する県民大会で高校生代表として発言した、普天間高校三年の女子高生のメッセージに行き着くだろう。

その日の様子を伝えるテレビでは、大田昌秀県知事の「行政としてまっ先に守るべき子供たちの尊厳を守れなかったことを率直にお詫びしたい」という謝罪と、女子生徒の「私たちに静かな沖縄を返してください。軍隊のない、悲劇のない、平和な島を返してください」と発言する様子が繰り返し放映された。しかしこれは読み上げられたメッセージのごく一部でしかない。この発言部分が簡潔で力強くかつ象徴的であるということもあり、限られた時間枠のなかで出来事を効果的に伝えなければならないテレビメディアの事情があったにしても、そのことによって肝心な高校性の思いや考えの核心に触れることを遮蔽してしまった。事件に戸惑い、少女の心に思いを寄せ、悩みつつも自らを取り巻く環境や日常性に目を向け、ひとつの意思を手繰り寄せていく心の内景が表明されていたのである。

この高校生代表のメッセージは、事件の衝撃や沖縄における民衆意識の深層の変化、そして今日まで途絶えることのない鳴動の原点を知るうえでも、等閑には付すわけにはいかないだろう。あらためてその声を聴き取ることが問われている。

「ヘリコプターはもう、うんざりです。私はごく普通の高校三年生です」ではじまるメッセージは、事件を初めて知ったときの動揺ややりきれなさを率直に表明していた。事件が報道されて高校生の関心も高く、抗議大会などへ参加したこと、だが友人たちと話すうちに被害者の少女の心を犠牲にしてまで抗議すべきかどうかに悩んだこと、しかし「少女とその家族の勇気ある決心で事件が公けにされ、歴史の大きな渦になっている」こと、そして「彼女の苦しみ、彼女の心を無駄にするわけにはいきません。私がここに立って意見を言うことによって少しでも何かが変われば、彼女の心がかるくなるかもしれない。そう思いここに立っています」と登壇するに至った事情を語っている。

そのうえで、過去に遡って凶悪犯の多さや戦後五十年たってもなくならない米軍犯罪、そうした事件が日本本土から無視され、加害者の罪と罰が日米地位協定によって曖昧になっていくことに怒り、少女暴行事件のような卑劣な人間を作り出した軍事基地の存在に目を向け、基地あるがゆえの加害や基地あるがゆえの苦悩からの解放を訴える。そして「今の沖縄はだれのものでもなく、沖縄の人々のものだから」いう一行を挟んでいた。

とりわけ注目すべきは、意識の変化について語っているところである。すなわち「私は今まで、基地があることはしょうがないことだと、受け止めてきました。しかし今、私たち若い世代も、あらためて基地の存在の位置を見返しています。学校でも意外な人が、この事件について思いを語り、皆をびっくりさせたりもしました。それぞれ口にはしなかったけれど、基地への不満が胸の奥にあったことの表われだと思います」と。

ここには少女レイプ事件が起こったことの、直接的ではないにしても遠因になっていることへの気づきが言われている。基地の存在を無意識に受け入れていることを意識化していくこと——この高校三年生の発言が注目すべきところは、こうした若い世代の現状と向き合い、そこから「米兵に脅え、事故に脅え、危険にさらされながら生活を続けていくこと」や「次の悲しい出来事を生み出すこと」への拒否をはっきりと言葉にしていったことである。加害者になることも被害者になることも拒み、「未来の子供たち」を想像し、創造する。そのことによって若い世代による「新しい沖縄のスタート」への意思が明確に示されていた。

このごく普通の高校三年生の発言からは、忌まわしい事件をきっかけにしてではあれ、それだけにいっそう新しい意識が誕生していく光景は印象深い。戦後沖縄の歴史を振り返ってみれば、繰り返される米軍の事件事故に、高校生たちが抗議の意思を表明し、行動を起こした例は少なくない。ただやはり九五年の高校生のメッセージが「新しい」と思えるのは、かつてのような米軍支配による理不尽さからの脱出を「日本復帰」に求めていく幻想から自由になっていることであり、「今の沖縄はだれのものでもなく、沖縄の人々のものだから」と立脚点をはっきりさせていることからもわかるだろう。

〈九五年体験〉と『独立少女紅蓮隊』の想像力

安里麻里監督の長篇デビュー作に『独立少女紅蓮隊』（二〇〇四年）がある。唐突に聞こえるかもしれないが、この映画に少女レイプ事件に抗議する県民大会で呼びかけた高校三年の女子高生のメッセージと同類の想像力の質を看て取ることができるだろう。

一九七六年生まれで、大学進学のための浪人をしているときにあの事件にあっていることから、大会の壇上で挨拶した高校三年生とは一つ違いの同世代に属する。いわば、十代の後半に時代の熱気に触れ、大きくうねりをつくっている沖縄の鳴動をその耳で聴いたことになる。のちに、安里は浪人生の身で、「参考書や辞書の入った重い鞄を肩に下げながら集会に参加した」と振り返っていた（「世界」臨時増刊「沖縄戦と集団自決」、二〇〇八年）。そうだとすると、安里はその会場で高校三年生のメッセージを聴いたことになる。どのように受け止めたかは明らかにしているわけではないが、それをもって安里が反応しなかったということにはならない。むしろ語ることがなかったがゆえに、かえって安里が感じたであろう衝撃の大きさを想像してみるべきだろう。『独立少女紅蓮隊』は、私には安里麻里の秘められた〈九五年体験〉への応答だと思える。

沖縄ではのちに「九五年世代」と言われ、自らもそう呼ぶ世代が登場した。この名づけには、少女レイプ事件の衝撃の大きさが意識されていたことは間違いない。あの事件をきっかけにして、日常を見る目が変わり、それによって沖縄の風景を切り裂き、囲い込む基地の存在とその背後の構造へとまなざしを向けていく、という認識論的転回が起こった、と言えよう。その転回は高校三年生のメッセージのなかで、基地があることはしょうがないことだと受け止めてきたが、あらためて基地の存在を見返していく覚醒と重なっている。そこから沖縄の戦後とは、「日本復帰」とはなんであったのかということが問い直され、「復帰」によっても変わらない沖縄の例外状況が対象化される。

国家に自ら進んで同一化していった「復帰」思想を内側から踏み越えていった〈反復帰論〉が「九五年世代」によって発見し直されるのもその時期であった。「復帰」とは何であったのかを問う視座が、変わらない沖縄の「軍事植民地」を見抜き、その「軍事植民地」状態こそがレイプ事件の真犯人だった、ということに気づいていく。

『独立少女紅蓮隊』は、安里麻里の〈九五年体験〉を映画的想像力によって騙り取ったフィクションだということが可能だろう。むろんそういう言い方は、フィクションのもつ多元性を一方的な意味と解釈に囲い込むことになってしまいかねないにしても、あえてそのことを承知のうえでのことだが、「私は暴動のなかで生まれた。その日私の運命は決まった」という、主人公の少女の出生を告げていたことからも窺えるだろう。この言葉は映画の冒頭からエンディングに至る物語の結び目となる場面で反復されるだけに、いわば、安里の原モチーフにもなっているように思える。

物語の粗筋はこうである。日本南端のとある離れ島にある「オリオン・ダンサーズ・アカデミー」は、歌手やダンサーなどのアイドル養成スクールであるが、しかしほんとうの顔は、王国独立のためのスパイを養成するための学校である。優秀な成績で「特別過程」に選抜された少女四名（ユキ、アキ、サキ、ミキ）は、いっさいの感情を捨てさるよう命じられ、暗号解読や変装術や武闘訓練など徹底的にたたき込まれる。その訓練シーンでは、ナイフが装填された特殊な靴で蹴り上げると日の丸の形をした首が転げ落ちたり、ダンスのステップで「オウコクドクリツ」や「ミンゾクジケツ」などの暗号を解読する場面が紹介される。一年間のきびしい訓練ののちに、アカデミーの校長らしき老人から、東京へ行ってスーパーアイドルCOCOEのもとで活動をしてもらう指令が下される。咳き込む間隙を縫って、老いた校長は言い放つ。「我が王国独立のためにお前たちの責務は大きい。無知は罪だ。歴史を凝視しろ！」少女たちの背後の壁にも老人の背後の壁にも「すべての楽器を武器に」のスローガンが掲げられていた。

東京に侵入した少女スパイたちは、渋谷のスクランブル交差点の巨大スクリーンに映し出された、COCOEがヒット曲「INDEPENDENCE」を歌いながら踊るダンスステップに暗号を読み、その指令に従って行動する。次なる暗殺指令ターゲットは王国独立を阻む日本国の治安省長官。独立運動をテロ集団と決めつけ、破防法や住民基本台帳法によって王国人をしらみつぶしに調べ上げよ、と息巻く。治安省との抗争で少女スパイたちは一人斃れ、二人死に、生き残ったユキも重傷を負う。生死の境をさまよう幽明の意識状態で母親の霊威に導かれ、南の島では近所に住んでいたが、農地を売り払って上京し居酒屋を営んでいた仲村のおじさんの二階にかくまわれる。しかし治安省の魔の手は居場所を突き止め、踏み込む。脱出したユキは、囚われ拷問を受けるCOCOE救出に一人で立ち上がっていく――。

と、ここまで粗筋を紹介してきて、この映画が独立をテーマにしたシリアスな映画と想像されるかもしれないが、実は奇想天外、荒唐無稽なアクション・コメディと見ることもできる。だが奇想天外とか荒唐無稽とはなんだろう。それを想像力の自由な羽ばたきだとすれば、この映画は奔放な想像力によって、現実を裏返していくことを見事に成し遂げた作品だといえよう。そういった意味でシリアスとコメディの境界を破って、と言うよりも、シリアスとコメディを結び合わせて、沖縄・琉球の深層に分け入ることに成功している。日本の南端の島とは言っても「沖縄」とか「琉球」という名はいちどだって出てこない。がしかし、まぎれもない「沖縄・琉球」でしかないということを映画の言語は告げている。そこに監督である安里麻里のシンギュラリティ(特異性)があることもまたたしからしい。

では、監督のシンギュラリティとはなにか? たとえばこんなエピソードのうちに見ることはできないだろうか。安里が大学進学のために沖縄から東京に出たときは、ちょうど安室奈美恵を筆頭にSPEEDやMAXSなどの沖縄アクターズスクール出身のオキナワンアイドルたちが音楽シーンを席巻していた時期と重なる。たまたま渋谷の交差点のスクリーンに映し出された安室奈美恵のプロモーションビデオを見て、「これは暗号だ、暗号を受けている」と思い込み、このときの感覚をなんとか映画に活かすことはできないか考えたという。暗号とは、ある特定の集団にしか通用しないコード、つまり秘密の言語であるが、安里のそのときの感覚は、沖縄という場と沖縄の戦後体験抜きにはあり得ないということが含意されていた。別なところでも同様なことを言っている。「私は東京にきて、渋谷交差点のスクリーンで安室奈美恵を見たときに、ここにはアムラーがいっぱいいるけれど、こいつらには伝わらないが私には伝わった、と錯覚した経験がありまして（笑い）」と松本麻里のインタビュー（「フィクションだけどリアル」、『音の力　沖縄アジア臨界編』所収、二〇〇六年）に応えていた。「こいつらには伝わらないが、私には伝わった」ということが「錯覚」だとすれば、その「錯覚」は先の「暗号」と同じようにシンギュラリティに関係していることがわかるというものだろう。

とはいえ、「暗号」といい、「錯覚」といい、それがこの映画のフィクションを駆動させているとすればどうだろうか。この映画の優れているところは現実を裏返すパロディの奔放な力だといえよう。たとえばそれは、オキナワンアイドルの生産工場ともいえる沖縄アクターズスクールをスパイ養成学校に仕立てあげたり、「すべての武器を楽器に」のスローガンを「すべての楽器を武器に」に転倒させ、少女スパイのイメージシンボルにもなっている三線の柄を剣に改造し、その武器となった三線が少女の手によって抜かれるとき、オーラが漲る瞬間にもなっている映像によってもわかるだろう。これは沖縄の平和思想を説明する「命どぅ宝」という言葉とともに、沖縄では床の間に飾るのは刀ではなく三線であるという説話の定型の転倒であることは明らかである。また、土地（軍用地）を売って東京に出てきた仲村さんが営む居酒屋の名を「エレファントゲイジ」、つまり「象の檻」にしたところにも似たような批評を読んでもいいだろう。「象の檻」が読谷村《よみたんそん》のランドマークにもなっていただけではなく、世界の情報を傍受する米軍の巨大なアンテナの通称であることを寓意の力にして日常の背後の不条理を騙り取っているということでもある。

沖縄オルタナティブを発明する

こうしたパロディの線と対位法的に絡み合っているが、しかしパロディ化を拒むかのように描かれているのが島に覆いかぶさる影である。ユキたち少女スパイのサブリミナルを支配していた、COCOEのポスターのある部屋で独り寝袋にくるまって目を閉じると鮮やかに表われ出てくる島の風景と母親の死の瞬間の場景は、ユキの境遇に島の命運が重ねられた幻想的な回想シーンになっている。ヘリの重低音とともに巨大な機影が地上をゆっくりと移動し、その機影の中に入った刹那、なにか強い衝撃が走り倒れ込む。ユキが駆け寄り血糊のついた頭部を探ると、そこにはヘリが落とした部品のボルトが突き刺さっている。「私が十二歳のとき、軍用機が落としたボルトが命中し、私の母は死んだ」というモノローグがかぶさる。その日はまたユキがオリオン・ダンサーズ・アカデミーに合格した日でもあった。

オープニングの「私は暴動のなかで生まれた。その日私の運命は決まった」というモノローグがかぶせられた暴動シーンが、出生と運命を結びつける神話性が付与されていたとすれば、この母を殺した米軍ヘリ部品落下事故はユキの第二の運命を決めた。少女スパイ・ユキの誕生と母の死、ところが、ユキは母を殺したボルトをペンダントにして、お守りのように肌身離さず持ち歩いている。このことをどう理解すればよいのだろうか。おそらく、と思う。ここでボルトは二重の意味を負荷されているということだ。母を殺した暴力のマテリアルと、ユキに力を充塡する霊威と。メデアとメディウム、凶器とお守り、その両義性を可能にしているのは加工と翻訳ということである。物質的だが幻想的、そんな両義的な力が装塡されている。ひょっとすると、少女スパイ・ユキを深みで動かしているのは、アニミズムだったのかもしれない、と思ったりもする。

映画の節目で繰り返し映し出されるペンダントが意味するものをあえて言うならば、ユキたちが東京へ向かうことを言い渡した学園長が「無知は罪だ。歴史を凝視しろ。そうすれば我々の悲惨で苦渋に満ちた過去をおのずと忘れることはない」というメッセージとかかわっているはずだ。それは訓示としていわれたと同時に、言霊としてリレーすることを意味していた。歴史を凝視すること、悲惨で苦渋に満ちた過去を忘れないこと、そのことの媒体となっているのがボルトのペンダントだということである。だからだろう、ボルトのペンダントを握り締め、首にかけるとき、オーラが帯電され決意と行動が強く示唆されるのは。

この映画を三名の米兵による少女レイプ事件の衝撃への応答だということの理由のひとつも、母を死に至らしめた軍用機の部品のボルトと、それをペンダントにして形見にすることとかかわっている。そしてなによりも、監督の安里麻里の想像力は同世代の高校三年生が八万余の群集に呼びかけた「今の沖縄は、誰のものでもなく沖縄のもの」というメッセージと確実にシンクロしている。少女スパイを想像すること、独立を発明すること、安里はあの声をフィクションの地平で解釈し直したのだ。

九五年の衝撃からはじまった、この二十年の沖縄の抵抗が自己決定権を求めるところまで登りつけていることを考えれば、王国独立をアクション・コメディによって大胆にデフォルメしたこの映画は、まさに沖縄の自己決定権のオルタナティヴとしての独立を発明する行為といえないだろうか。独立を発明することとは、学園長や教官たちの論理が「王国」の復権という主権システムの境界の内部にとどまり、また少女スパイたちの行動がスーパーアイドルCOCOEの暗号によって動かされていたことに対し、ユキのシンギュラリティはそれを内側から越えていく質においてなされるものでなければならない。

たとえばそれは、拷問で不自由になった体で治安省長官を引きずり倒し、背後から押さえつけて行く手を阻んだ教官ともども、武器に改造した三線剣で串刺し（殺すよう促したのも、串刺しにした瞬間「よっしゃ‼」と叫んだのも教官だったとしても）にする場面と、少女たちのサブリミナルを支配したCOCOEを救出し、王国に帰す象徴的な行為が意味するところである。治安省長官もスパイ訓練の教官もともに権力のもつマスキュリニティに変りはないし、主権システムのイデオロギーと抑圧を体現してもいる。うつ伏せになった治安省長官に背後からのしかかる教官のホモセクシュアルな共犯性を串刺しにすることと、暗号によって少女スパイの行動を方向づけ、律していたスーパーアイドルCOCOEを救出する、つまりアイドルを生産する体系と命令機能から解き放つことにおいて、少女スパイ・ユキの行為は旧来の独立が位階化した主権のマスキュリニティを越えている。

安里麻里は先に紹介したエッセイで、集団自決への軍の関与を取り消す教科書検定に抗議する二〇〇八年の集会を、東京の自宅のテレビで見ながら、突然〈空撮〉の映像に変わったことに違和感を感じたと述べ、一九九五年の少女暴行事件に抗議する県民大会に、浪人の身で参考書や辞典の入った重い鞄を肩に下げながら一人で参加したときの体験と沖縄の盛り上がりを思い起こしながら、あのときも唐突に集会の群れの〈空撮〉映像が流れたのではなかったかと疑う。「沖縄の中で見た文脈」と「外から見た文脈」の違い、〈空撮〉はその違いの象徴だった。

だとすれば、『独立少女紅蓮隊』は、安里が〈空撮〉に抱いた違和感や疑念を、九五年の大会に参加したときに感じ取った「沖縄の中の文脈」をフィクションの力によって凌駕したといえないだろうか。〈空撮〉とは国家の目である。王国独立のために活動する少女スパイの造型は、あの広場で聴いた高校三年生のメッセージを映画的想像力によって大胆にデフォルメしたのだと言い直すことができるだろう。安里のフィクションの近傍には「今の沖縄はだれのものでもなく、沖縄の人々のものだから」という声が聴こえていた、はずである。

九五年という磁場から発せられた「次の悲しい出来事を生み出す」ことを拒み、「私たち若い世代に新しい沖縄のスタートをさせてほしい」とした〈新しい沖縄〉のオルタナティヴをフィクションの力によって切り開いたという意味で、『独立少女紅蓮隊』はまぎれもない九五年の広場の熱と渦を産褥にしている。「私は暴動のなかで生まれた。その日私の運命は決まった」というモノローグもそうした文脈で理解されなければならない。そのことはまた、真喜志勉がルイ・アームストロングの「WHAT A WONDERFUL WORLD」を沖縄の〝いま〟によって「WHAT A WILD WORLD OKINAWA」に転倒させ、国家の包囲網を突き破り〈FUTENMA→HENOKO→ODAIBA〉の矢印を造型したことと、世代もジャンルも越えて分かち合われてもいるはずだ。

〈水〉と〈骨〉と〈島ぷしゅー〉の想像力

仲里 効

翁長雄志沖縄県知事が知事就任二年目を前にした二〇一六年十一月二十八日、沖縄島北部の東村高江でのヘリパット建設について「苦渋の選択」という言葉を使い「容認」したとする報道は大きな波紋を投げかけた。そのあまりの反響の大きさに、十二月二日、記者会見を開き、「苦渋の選択」と言ったのは「SACO合意の着実な実施において、北部訓練場の約四千ヘクタールの返還について異議を唱えることはなかなか難しい」ことと、オスプレイの訓練のための「ヘリパット建設は容認できない」こと、つまり「一つ選ぶということではなく、二つを考えないといけないということで、苦渋の選択と申し上げた」と釈明せざるを得なかった。

しかしそれにもかかわらず、高江や辺野古をめぐる現状は、知事の姿勢が実質的に「容認」であることを裏づけるような事態が進行している。どういうことなのか？　四点指摘できる。まず第一に、二年前の選挙公約では明確に「ヘリパット建設に反対」を表明していたこと、第二に、まるで「戒厳令」と言わしめた、東京、千葉、神奈川、愛知、大阪、福岡などから五百人規模の機動隊を動員して異常な取締りを強行していること、この県外警察官の投入は沖縄県公安委員会からの要請でなされたもので、公安委員会は県知事の所管のもとにあり、任命権も罷免権も与えられていることからして、知事の権限で撤退させることができるにもかかわらずそれがなされていないこと、第三に、ヘリパット建設反対を封印し、夏に菅官房長官に北部訓練場の返還へ「歓迎」の意を表明したこと、第四に、翁長知事の「容認」会見の直前に安慶田光男副知事が辺野古の陸上部分の隊舎建設工事を受け入れたことや翁長知事の記者会見を見計らったかのように、四名が不当に逮捕されたことなどである。この逮捕は「現行犯逮捕」ではなく、十ヶ月前の「罪状」での「事後逮捕」であり、そのうち運動の中心的存在である山城博治沖縄平和運動センター議長は明らかに狙いうち的な再々逮捕であった。阻止闘争の現地拠点となっている辺野古のゲート前や海上前テントと平和運動センター事務所への強制捜査まで行なわれた。

こうした、沖縄島北部の高江や辺野古をめぐる動きを辿っていくと、浮かび上がってくるのは一九九五年の米兵三名による少女レイプ事件をきっかけにした沖縄の抵抗のうねりを鎮めると同時に、日米の軍事再編を狙った翌九六年のＳＡＣＯ（日米特別行動委員会）合意の問題である。このＳＡＣＯ合意は「沖縄の負担軽減」をうたい文句にしてはいるが、実態は使い物にならない老朽化した施設を移設条件付きで返還し、新たに造り直しつつ沖縄基地を日米で共同使用していくことが目指されているもので、基地の機能強化と「日米同盟の強化」以外のなにものでもなかった。その柱になったのが普天間基地の辺野古への「移設」（実質的な新基地建設）であり、使う必要のない北部訓練場の返還と抱き合わせた垂直離発着輸送機MV22オスプレイの導入とヘリパット建設であった。

だがより注目すべきことは、翁長雄志知事とその母胎である「オール沖縄」の臨界点が知事自身の言動とそれと連動した現実によって明らかになった、ということである。先に触れたいくつかの事例に付け加えると、前知事の辺野古埋め立て承認の「撤回」ではなく「取り消し」にしたこと、その「取り消し」訴訟をめぐる「和解」勧告から高裁での敗訴（最高裁への上告）までの経緯からは、すでにして政府との妥協線が引き直されているのが読み取れる。県外から機動隊を導入しての「戒厳状況」を作り出し続けていることはその最たるものであり、機動隊員による「土人」「シナ人」発言は、一挙に沖縄と日本の関係史の暗部を裂開してみせもした。「苦渋の選択」表明は「SACO合意の着実な実施」からすればけっして意外なことではない。換言すれば、「オール沖縄」がコンフォーミズムに化しつつあることが露呈してしまったということであり、なによりも日米安保条約を容認する姿勢とそれゆえに、北朝鮮や中国に対する脅威を煽り、宮古・八重山諸島への自衛隊配備を拒むことができないことがそれを裏づけている。

いま、沖縄にとって問われているのは何か。翁長知事がいみじくもその本意を明かした「SACO合意の着実な実施」という縛りから自由になる視座を獲得すること、コンフォーミズムとしての「オール沖縄」への批判的視座を封印しないこと、日米安保体制の神話を解き放ちアジアを内在化する回路を探し当てることである。そして目をつぶりたくないのは、沖縄本島内の南北問題、北のなかの東西（名護市、東村の例でいえば、海洋リゾートエリアとしての西海岸側と軍事要塞化される東海岸側の辺野古、高江）問題、さらに沖縄本島と先島の歴史的関係を背景としての、島嶼防衛の前線に変貌しつつある宮古・八重山群島への自衛隊の配備による権力線の布置の問題である。

出来事は根源的にすすんでいる。私たちもまた根源的でなければならない。そのためにまず、沖縄が歴史を刻み直そうとするときの鳴動を聴き取る耳が必要とされる。三つの声、その交差するところに聞こえてくる刻み音、それはこんな質をもっていた。

一つの声。——「なぜ娘なのか、なぜ殺されなければならなかったのか。今まで被害に遭った遺族の思いも同じだと思います。被害者の無念は、計り知れない悲しみ、苦しみ、怒りとなっていくのです。（略）次の被害者を出さないためにも、『全基地撤去』『辺野古新基地建設に反対』。県民が一つになれば、可能だと思っています。県民、名護市民として強く願っています。」

二つめの声。――「被害に遭われた女性へ。絶対に忘れないでください。あなたのことを思い、多くの県民が涙し、怒り、悲しみ、言葉にならない重くのしかかるものを抱いていることを絶対に忘れないでください。（中略）同じ世代の女性の命が奪われる。もしかしたら、私だったかもしれない。私の友人だったかもしれない。信頼している社会に裏切られる。何かわからないものが私をつぶそうとしている感覚は、絶対に忘れません。」

そして三つ目の声。――「湿潤な環境に恵まれた亜熱帯照葉樹林は、地球上どこを探してもやんばる以外にない。国は環境保全に最大限配慮すると声高に叫ぶが、一度きり開いた森は二度と元には戻れず、後は少しずつ環境が蝕まれていく姿を見届けるしかない。世界に誇るべきこの貴重な森を、翁長雄志知事は軍事・戦争のために放棄したのだ。問われるべき責任はあまりにも大きい。」

一つ目と二つ目の声は、六月一九日に那覇市の奥武山運動公園で開催された「元海兵隊員による残虐な蛮行糾弾！　被害者を追悼し、海兵隊の撤退を求める県民大会」へ寄せた、被害者の父親からのメッセージと同世代の女性として発言した玉城愛さん（シールズ琉球）のあいさつから拾ったものである。その一ヵ月前に、沖縄島中部に住む二十歳の女性が元海兵隊兵士によってレイプされ殺害されたことが犯人の逮捕で発覚した事件は、二〇年前の一九九五年の少女レイプ事件を想起させ衝撃を与え、沖縄の日常に侵入してくる連鎖する暴力が二〇年前もいまも根本的には変わっていないということを認識させた。凌辱と死を同世代の無念さにおいて我がものとする「もしかしたら、私だったかもしれない。私の友人だったかもしれない」という言葉は、父親の「悲しみ、苦しみ、怒り」の深いところで木霊していたし、「絶対に忘れません」と心身に刻みながらも「何かわからないものが私をつぶそうとしている感覚」は、梅雨明けの熱暑のなか会場を埋めた人びとが表明した「怒りの限度を超えた」という意思と確実に響き合うものがあった。

三つ目の声は、十一月二十八日に翁長雄志知事がヘリパット建設を「容認」した翌二十九日の琉球新報紙に、屋富祖昌子さん（元琉大助教授・昆虫学）が寄せたコメントである。ここで目を凝らしたいのは、「やんばるの森」が切り崩されることへの痛みが、六月一九日の県民大会で発せられた声に込められている、凌辱と死への父親や同世代の無念さと共通するものがあることである。基地と軍隊によって人も森も犯されることへの深い悲しみと苦しみと怒り。基地と軍隊による連鎖する暴力が〝エコサイド〟であり〝バイオサイド〟であり、〝カルチャーサイド〟、つまり生態系と文化体系の破壊であることを身体の奥で感じ取っていた。

限度を超えるというときの「限度」とは、そして「超える」とはどのような内実において語られるべきだろうか。むろんそれは「日米同盟の強化」や「SACO合意の着実な実施」や

「抑止力」、そして日米安保を前提にして基地の応分の負担を求める「県外移設」などではない。三つの声は根源的であれ、ということへと誘ってくれる。

〈歴史の天使〉からの眼差し

死者を、森の死を、その声を聴き取るとは、では、何をもってどのようなことにおいてだろうか。そのためにヴァルター・ベンヤミンの名とともに〈新しい天使〉、いや、〈歴史の天使〉を呼び寄せなければならないのだろうか。パウル・クレーの「新しい天使」の絵によって導かれ、ベンヤミンの絶筆となった「歴史哲学テーゼ」とも「歴史の概念について」とも訳される短章の〈IX〉に出てくる〈歴史の天使〉は、たしかに三つの声を「限界を超えた」ところへと救出するアレゴリカーとなるのかもしれない。

大きく眼と口を開き、翼を広げて何ものからか遠ざかろうとしている〈歴史の天使〉は、顔を過去に向けていること、われわれが出来事の連鎖と眺めるところにただカタストローフを見ていること、そのカタストローフは休みなく瓦礫の上に瓦礫を積み重ね、それを彼の足もとへと投げてくると描かれるが、注目すべきところは「彼はそこにしばしとどまり、死者を呼び覚まし、打ち砕かれたものをつなぎ合わせたいと思っているのだろう」というところである。ここに〈歴史の天使〉というときの〈天使〉の原イメージが書き込まれていると見なしても間違いではない。しかし避けられない力が存在する。その不可避の力こそ〈強風〉として形象されるものだろう。「この強風は天使を、彼が背中を向けている未来のほうへと、とどめることができないままに押しやってしまう。そのあいだにも、天使の前の瓦礫の山は天に届くばかりに大きくなっている。われわれが進歩と呼んでいるものは、この強風なのである。」ここにはベンヤミンの歴史哲学が寓意の強度をもって定位されている。言葉を変えて言い直すと、二つ前の〈VII〉章の最後で「歴史的唯物論者は、歴史を逆なですることを自分の使命と考える」とした〈歴史を逆なでする〉ことが鮮やかに表現されているということになるはずだ。死者を呼び覚ます〈天使〉は深く過去に見入られているゆえに未来に対しては背中を向けざるを得ないが、未来へ押しやる〈強風〉が〈進歩〉と呼ばれているということの背離。この背離はまた〈歴史を逆なでする〉トポロジックな場でもあると言えないだろうか。

翻ってこの歴史像とトポロジックな場を沖縄の現在に置き直してみるとどうだろう。いくつもの世替わりに翻弄されてきた群島の波打ち際に〈歴史の天使〉が降り立ち、瞬き返していたとしても不思議ではない。ここで〈進歩〉と〈強風〉をコンフォーミズムだと見なすとすると、沖縄が歴史を刻み直し、限界を超えていこうとするときの三つの声は、人や森に対する凌辱を悲しみ、怒りを我がものとすることによって限界を超えていこうとするノン・コンフォーミズムであることにおいて、「死者を呼び覚ます」ことと深くかかわっているといえるだろう。

ここであらためて「SACO合意の着実な実施」と「苦渋の選択」と言った翁長県知事の言葉を思い出してみよう。これまで沖縄が変わろうとする可能性の芽を摘み取ることでしかなかった沖縄の歴代首長によって反復された「苦渋の選択」は、沖縄の政治史に瓦礫を積み重ねてきた。そしていま、「SACO合意の着実な実施」という「進歩」の強風が吹きぬけようとしている。限界を超えるためには、死者を呼び覚まし、打ち砕かれた時間の断片を構成する行為において蘇らすこと、こうした歴史哲学の寓意の力としての〈歴史の天使〉を、期せずして二〇一六年という時を同じくするようにして生まれた二つの小説作品と一本の映画に見ることができる。二つの小説作品とは目取真俊の「露」（『三田文学』秋季号、二〇一六年十一月）と崎山多美の『うんじゅが、ナサキ』（花書院、二〇一六年十一月）で、一本の映画とは高嶺剛の『変魚路』である。

〈水の想像力〉が喚起するところ

目取真俊の「露」は、大学卒業後の半年間、沖縄島北部の小さな港での荷揚げ作業のアルバイトをやったときの経験を描いたものである。入港する船のない八月のある土曜日、早目に作業を済ませたあとそうするように作業仲間との「飲み会」となる。酒盛りがたけなわになってくると、港湾事務所の「金城さん」が戦争中の〝行い〟について聞き出そうとして挑発する。それに乗せられるように、十代、二十代、三十代で戦争を体験した四名の体験談が語られるが、その要は生と死が分かたれるときの〈水〉をめぐる逸話である。「水《みじ》が飲《ぬ》まらんぬよー、何人も死んだやさや」と切り出した宮城さんは、中国戦線で行く先々の村の井戸や泉に毒が投げ込まれ、水分を摂ることなく行軍を続けるため倒れた仲間の口を開け、白くなった舌を引っ張り出して、唾を指先につけてすり込ませたエピソードを披露する。「戦場で水飲まらぬ苦しさ。当たてーぬ人《ちゅー》しか分らんさ」という言葉が出来事を凝集させる。

安吉さんは、爆風で吹き飛ばされ意識不明になった鉄血勤皇隊の中学生と二人だけで洞窟のなかにいたときのこと、その中学生を洞窟の入口の平たい岩の上に丸裸にして置いた。喉が渇き、「死ぬ前に水《みじ》が飲《ぬ》み欲《ぬ》さぬならん」ということから取った行動であった。明け方になって気温が下がると人の体から落ちる水分が露になって岩の表面に落ちるので、その露をなめて生き延びた、と告白する。その話の衝撃は、主人公を幻視によって出来事に立ち会わせる。「外灯の青みを帯びた白い光に安吉さんの顔の火傷痕が影を作る。一瞬、夜明け前の薄明りが射し込む洞窟の入り口で、平たい岩の上に置かれた中学生のそばに腹這いになり、小さく光る露をなめている若い安吉さんの姿が目に浮かんだ。丸裸にされた中学生の体は瑞々しく、それが自分の体に変わったと思うと、安吉さんの舌が脇腹を這ってくる感触がして鳥肌が立った」。中学生の裸体と光る露の瑞々しさ、なめる舌の生々しさ、主客の境界が一瞬溶け去り、入れ換わる。そこではまた過去と現在の境界も失われる。ここで注意したいのは、一瞬ではあれ〝あのイクサ場〟が分かち持たれていることである。むろんそうさせるのは幻視の力であり、そのことによって安吉さんの舌の感触をなまなましく蘇えらせることができたのだ。

その夏が終わって主人公の青年は那覇に出るが、六年後の大晦日に実家に帰ったときに、母から安吉さんが亡くなったことを知らされる。結びは次のようになっている。

　ずっと独り者だったみたいだねー。最期にねー、水を含ませてあげる人もいなかったんだね……。

母がつぶやいた。返事をせずに食事をつづけたが、テレビの画面を向いていても目に見えるのは、洞窟《ガマ》の中で岩にへばりつき、裸の死体のまわりに落ちた露をなめている安吉さんの姿だった。

我《わん》や、露《ちゅ》なめてぃ生き延びたんよ。

安吉さんの声が聞こえた。数匹の猫が安吉さんの体をなめて起こそうとしている様子が目に浮かび、箸を置いてゆっくりとコップの水を飲んだ。

この小説を動かしているのは〈水〉に対する一種のオブセッションである、と言えよう。中国戦線での行軍で倒れた兵士の舌をこじ開け刷り込ませた指先の唾、沖縄戦での洞窟の中で丸裸にした少年兵の皮膚の表面から落ちてくる水の結晶としての露をめぐる逸話は、戦争という極限状況で生死を分けた原因が何であったのかを教える。しかしこの小説の要点は、そのことにとどまるものではない。生死を分けた極限において試されるむき出しの生であり、またむき出しの生によって試される倫理であり責任である。中国戦線での「水飲まらぬ苦しさ」が強姦や殺戮へ激しく駆り立てた宮城さんの体験が問われるのはその場所であることは間違いないだろう。

ところで、最後の最後で主人公の青年が飲んだ「コップの水」をどう解釈すればよいのだろうか。二つの逸話に比べあまりにも対照的な「コップの水」は、「ゆっくりと飲む」という行為によって、何ごとかが示唆されている。現代社会では管理され、殺菌され、当たり前になった水、イクサ場の水とは明らかに違う。だが、よく考えてみれば、その水は山と森に源を辿ることができる。「我《わん》や、露《ちゅ》なめてぃ生き延びたんよ」というひと言が、光源となって「コップンの水」とそれを飲もうとする青年に問いかける。「ゆっくりと飲む」という動作はそのような二重の問いが問われているはずだ。だからその動作は物理的であると同時に心的でもあり、記憶の水が現在に流れ込むことを意味している。「ゆっくりと飲む」心の動きはガマのなかの出来事を回想すると同時に、無意識の意識となって沖縄本島北部の山と森へと伸びていったとしても不思議ではない。ゲリラ訓練やヘリの訓練などがなされている、あの山と森。

「露」のラストを二〇一六年の沖縄の状況のなかで、状況とともに読むとすれば、「苦渋の選択」がヤンバルの山や森にとって何をもたらすかを指摘した昆虫学者の言葉を一挙に浮かび上がらせもする。目取真俊の〈水の想像力〉は、日常のなかの「コップの水」が、ここ沖縄では軍事と戦争と無縁ではないということを言外の言として提示している。「歴史を逆なでする自分のことを使命と考える」アレゴリカーに譬えてもけっして不当ではないだろう。死者によって、死者からの贈与によって生き延びたということ、この小説をこのように読むことは作品を状況に従属させて読むことであり、政治的に過ぎるという謗をまぬがれないかもしれないが、しかし「露」には沖縄戦の記憶と沖縄の戦後の出自へと立ち返らせ、そのことによって〝いま〟を問うことを促す力、つまり「死者を呼び覚まし、打ち砕かれたものをつなぎ合わせたいと思っている」〈歴史の天使〉を住まわせていることもまた否みようもない。沖縄の戦後に出現した風景にはつねにすでに死が縫い合わされているということでもある。

目取真俊が〈水の想像力〉によって死者を呼び覚ませたことを、別種の想像力によって騙り取ったのが崎山多美の『うんじゅが、ナサキ』であった。小雨降るある朝、届けられた空白だらけの記録ファイルの空白を埋めるためにQムラへとタビする連作になっているが、なぜかそのファイルは「記録Z」から記録Y、記録X……となっていて、わずかに判読できる、たとえば「記録Z」の〈墓地に立つ（立て）〉という命令文にしたがって、シマの最南端の海洋を望む崖上に墓地を探すタビからはじまり、ファイル三つ目の「記録Q」の一ページ一行目には〈Qムラの入り口に立つと、ひとりのオトコが声をかけて来る〉とか〈岩壁を辿れ、奥へ、奥へとさすれば……〉と命じる謎めいた言葉を辿っていく。主人公の女性はいわばファイルの空白を埋める記録者の役目を振り当てられてもいるが、ほんとのところは「アワリなイナグングァを、あのムゴイ惨禍の真最中で、無責任に手放した」ことのわけを尋ねることにあるらしい。タビの途上で出会う人や出来事は、リアリズムの目には収まらない異形の者と異界に浸されている。いささか幻想奇譚めくにしても、このシマを惨禍に陥れたあのイクサの記憶へと迷い込む強い気配を漂わせている。たとえば「光と鉄の豪雨」とかそれがやってくるときを仄めかす奇怪な轟音、「地下壕」とか「御香カジャ」とか断崖絶壁での集団死を思わせるミヤラビたちのウタと身振りなどなどによって示唆される。また、「Qムラ前線ａ」とか「Qムラ前線ｂ」とか「Qムラ陥落」などのファイル名からも想像できよう。しかし、明示的にそう断定できるものではない。ズラしや迂回、暗喩や間接話法、アレゴリーや幻想を介在させながら、時間と空間の境界の縛りに捕捉されることなく重層決定されている。たとえば、Qムラはテキから身を守る保護区、戦う準備のための要塞ともされるが、そのQムラの果てとも思われる「地下壕」は〈時代の激流〉に巻き込まれ〈どこにも行き場を失ったヒトビト〉が〈秘密のケイカク〉を実行に移すべく〈特別なクンレン〉をしていたとされることによって、反乱や謀反のイメージを排除できない多義性へと開かれている。

そして、この連作は、標準日本語と沖縄のシマコトバ、小帝国Nの国語とQムラ語の言語闘争やワタシとアナタ、語り手と聴き手、主客の相互変容など、いくつもの結び目が入れ子状に配置されている。この小説もまた「死者を呼び覚まし、打ち砕かれたものをつなぎ合わせ」る〈歴史の天使〉を住まわせているということに思い至る。大胆に図式化して譬えれば、目取真俊の「露」が〈水の想像力〉によってそのことを表現したとすれば、崎山多美の連作『うんじゅが、ナサキ』は〈骨／石の想像力〉の言語実践だと言えようか。

例示してみよう。たとえば、Qムラの地下壕の入り口でイキガワラバーが会わせたいといったのは「骨」たちで、積まれた骨の山は「ながい地下の沈黙の時間が醸成した記憶のシンジツが、濃密に蓄えられた」モノと描写した個所がひとつ。

もうひとつ挙げてみる。タビの終わり近く地下壕から地上へと抜けたあと、緑色の瞳をして言葉をなくしたような終始無言のイナグワラビングァに手を引かれ、アダンの枝葉を重ねた小屋のなかへと導かれるところがある。イナグワラビングァが一点を見つめた小屋の片隅のガジュマル樹の根元にアダンの枯葉で覆われた小山があり、そこには木箱のようなものが七つあった。おそるおそる中をのぞいてみるとただの石ころだった。だが、それらにはなまめかしい生気が籠っていて、あれこれ思いを巡らせていると、ワラビングァがひっくり返す、と、アダン小屋の内部に白い石の荒野が広がる。「Qムラの地下壕で埋もれていたあの骨たちが、地上に晒され、風雨に打たれ、こなごなに砕かれるとこんなふうになる、というような白い石の広がり」………。〈骨・石〉は固さやたしかさの物質的イメージだが、崎山多美においては儚さと無名の極限的イメージとしてあのイクサの死者たちを代換する。

〈水の想像力〉と〈骨／石の想像力〉、いや、水と骨のオブセッション。この二つの小説的想像力が二〇一六という年に世に問われたことは、たんなる偶然かもしれないが、しかし、たしかなことはその想像力＝オブセッションの源泉は枯れることのない沖縄戦から汲み取られているということは銘記しておいてもよい。

そしてあとひとつ、高嶺剛の『変魚路』がある。この映画の二人の主人公の心身もまた七〇年前にシマを襲ったイクサの記憶をトラウマのように刻印されている。しかし、それに一義的に還元させているわけではない。遅延と迂回の重層決定は、崎山の『うんじゅが、ナサキ』と共通するものがあるが、島を喰ったあの出来事を「島ぷしゅー」としたように、意味で重くなっていくことを注意深く避けてもいる。この空気が抜けたような音は、脱力と縮減の隠喩でもあり、また、ついに沖縄の戦後はあのイクサから価値を汲み取ることを不発に終わらせたということを含意させているようにも思える。それゆえにトラウマとなってまといつく。繰り返し口にされる「ぷしゅー、ぷしゅー、島ぷしゅー」という擬態音は、したがって両義的である。高嶺は過去の映像を再編集する強い志向をもっているが、『変魚路』は、そんな高嶺の方法と映像思想を果てまで辿ったという思いを強く抱かされる。

ちなみにこの映画では、『サシングァー』（一九七三年）や『オキナワン・ドリーム・ショー』（一九七四年）や『オキナワン・チルダイ』（一九七六年）や『パラダイスビュー』（一九八五年）などの断片が頻繁に引用される。加えて、物語の間合いに、劣化し破損したフィルムを忍び込ませたところは、うち捨てられたフィルムへのオマージュとも魂を呼び入れるとも見られるが、同時にそれは、物語の時間を異化するノイズの効果も担わされている。

映像だけではない。音もまた再引用され再解釈される。映画の冒頭、暗闇のなかから潮が寄せてくるように、前作『夢幻琉球・つるヘンリー』(一九九八年)で嘉手苅林昌が歌った「新時代の流れ」が静かに、何かを予告するように流れるだけではなく、「下千鳥」もまた、渚で、路地裏で、基調低音のように島唄石膏職人役の大城美佐子によって歌われる。「新時代の流れ」は嘉手苅林昌がもっとも得意とする持ち歌のひとつである「時代の流れ」を『夢幻琉球・つるヘンリー』のために新たに一行を加えたものであるが、この加えられた一行はマスターワードのように映画のヘソならぬヘソを示唆し続ける。冒頭の「新時代の流れ」はこうなっている。「唐の世から大和の世　大和の世からアメリカ世　アメリカ世から大和の世／大和の世から沖縄世　誰のものでもないこの沖縄　どうにかなるだろうこの沖縄」。ここで歌われる、「誰のものでもないこの沖縄」こそ前作よりも『変魚路』においてよく生きられ、映像の運動の細部にまで配信されていると言えよう。

石膏に肖像写真を刷り込ませ、ビニール水袋石膏像爆破装置で爆破させるタルガニと映画整形研究所で破損したフィルムに魂を込めるパパジョーは、生き直しを希望する者たちを相手にしたウーフェパタイジョー(小死場)を営んでいるが、大した必然性もなくパタイ村から追放され、旅するロードムービーということになっている。だが、その旅は移動する解放感や速度の快感はなく、路地から路地へとさ迷い歩くだけである。その迷路感に輪をかけるのがミサイラー、ビビジュー、島唄石膏職人、ヒージャースー、淫虫などのような異形の者たちであり、ビニール水袋石膏像爆破装置、映画整形研究所、ウーフェパタイジョー、パタイ村(死の村)、トットローB13(媚薬)、パタイ絵(死絵)、三〇年間走り続けるバス、パタイ暫定政府ニュースなどの奇想な装置である。物語の筋はいくつもの迷路に枝を分け、ガジュマル樹の気根のように絡み合い、そこに紛れ込んだ者はただ終りも始まりもない世界の迷いびととなっている自分に気づかされるだろう。

　タルガニとパパジョーの行為の深層にあるとされる沖縄戦の体験についていますこし考えてみよう。そのイクサ場のアワレはしかし、二人の頭がムドゥルチュン(混乱する、空っぽになる)状態になるように明確に前景化されるわけではない。ただ過去は今に不断に浸透しつづけ、二人の生を惑わすだけである。二人が折りに触れて口にする、空気が抜けていくような擬態語「ぷしゅー、ぷしゅー、島ぷしゅー」は、崎山多美のQムラへの旅の途上で体験する「光と鉄の豪雨」の奇怪な轟音や爆発音に比べるとその脱力感はよくわかる。

　そしてこの「島ぷしゅー」は『ウンタマギルー』(一九八九年)のラスト、つまり、沖縄が「復帰」という名で日本に併合された、まさにその日、「今日から沖縄はニッポンだ」と叫び、夢の化身のような妖艶なマレーを道連れに自爆することによってオキナワンドリームを逆説的に守ったシーンと対をなしていることに思い至るだろう。ここに高嶺剛の時代認識が表現されていると見てよい。高嶺剛の映像行為は、自爆によって逆説的に守ったオキナワンドリームを、ポスト日本復帰後の時空において繰り返し問い直すことであった。だとすれば、反復される「島ぷしゅー」はその反復において、未完であることが含意され、より深くあのイクサの記憶に、見入られていく。一九七二年の〈自爆〉と一九四五年の〈島ぷしゅー〉、ニッポンへの「復帰」という名の併合と住民四名に一人が死んだ沖縄戦、『変魚路』において目撃するのは、異形の者たちや常識を逸脱した装置が極限まで辿られ「誰のものでもない沖縄」のいくつものレイヤーがコマ虫のように蠢動している光景である。そのフィルムの運動で実践されているのもまた、何あろう「死者を呼び覚まし、打ち砕かれたものをつなぎ合わせ」「歴史を逆なですることを自分の使命と考える」〈歴史の天使〉の寓意の力だと言えば、飛躍にすぎるだろうか。

二〇一六年、時を同じくして現われ出た小説と映画は、〈水〉と〈骨〉のオブセッション、そして〈島ぷしゅー〉という擬態語に込めたトラウマによってあのイクサを呼び戻す。沖縄の〝いま〟と〝ここ〟に対する根源的な問いを投げかけつづけずにはおれない。

島の根と思想の根　上村忠男さんへの返信

川満信一

以下は、川満信一・仲里効編『琉球共和社会憲法の潜勢力——群島・アジア・越境の思想』(二〇一四年六月刊)に上村忠男氏が寄稿した「川満信一さんへ——『琉球共和社会憲法　C私(試)案』をめぐって」で提出された疑問に、応答したものである。

1

わたしの拙い足跡を深い思索の眼差しで位置づけて下さり、感謝しています。去る日、刊行された未來社の『琉球共和社会憲法の潜勢力』で、上村さんから思想の根源にかかわる問題提起がなされ、さてさてと白髪頭を掻くいています。同書に執筆された諸兄姉は、それぞれの専門分野で、すでに立派な足跡を築き上げた方たちで、「琉球共和社会憲法私(試)案」をめぐる言説では、それぞれの思想の奥行きと広がりを展開しており、あらためて目を見開くばかりです。

ご承知のように、人は自分の器の分しか水は汲めません。それが遅ればせながらの私の認識です。ここで水とは知識と思想の比喩です。知識は教育環境に応じて、茶碗からバケツまで器の大きさを換えていくことも可能です。しかし思想は、カルマの制約を大きく受ける器のようです。胎児環境から幼少期の生育条件、社会との関わりなど、祖霊までつながる原点のカルマを軸にして、個人のカルマが誘因した新たなカルマと四つ相撲をとりながら、それぞれの思想の器を形作っていくように感じます。カルマはインド思想の基本になっていて、カースト制のようなひどい社会を存続させましたから、いまごろ「業」の理屈を持ち出して物事を考えようというのは時代錯誤も甚だしいと一蹴されるかもしれません。「親の因果が子に報い」などという前世紀的道徳観をもちだそうというわけではありません。ただ、このカルマという概念を軸にして、存在論から制度論まで思考を組み立てると、資本主義以降の近代文明が創り出してきた「自由」とか「競争」その他の正当化された概念が、妖しい揺らぎ方をしてくるように思います。弁証法的思考は現代的だが、因果応報は前世紀的思考だとかたづけるのはやさしい。しかし存在することを、宇宙的な、マクロ的なスパンでみるとき、カルマを軸にした因果の関係が歴史を構成しているという考え方を、無碍に排除することはできないように思います。

文明の進展とともに人類の知識量は驚くほど器を拡大しています。しかし男と女の間は、平安朝時代の『源氏物語』から飛躍するほど変わっているとは思えません。親と子の愛情にしても万葉時代の山上憶良からどこまで隔たっているのか。この変化に乏しい軸こそカルマであり、そのカルマの制約を大きく受けながら器の大小を象っていくのが思想だろうと考えています。カルマについては、翻訳の過程で一面的な解釈だけが誇張され、大事な反面が無視あるいは軽視されてきたように思います。業は同時に行であり、諸行は無常で、つねに変化して止まないのだから、人間の意志的行為によって、悪い行を良い行に切り替えていくことも可能だと思います。カルマ変革は世界的に可能か、という命題をそろそろ投げ出してみてもよいのではないでしょうか。軍事力による植民地侵略に対し、白旗を掲げて理念を通すというガンジーの暴力に対する非暴力の思想は、インドのヒンドゥー・仏教を土壌にした思想だと思いますが、仏教、道教、儒教であろうが、キリスト教であろうが、良い肥料は大いに活用し、吸収するのが思想の本来性だ、というのが私の姿勢です。

2

「根から問う」ことで、沖縄の根底から自立の道をさぐるというのが出発点だったのに、結局、仏教思想の「慈悲」に落着点をみいだしたということか。「十三、四世紀ごろに琉球に伝来したといわれる仏教のほうは島的共同体を形成する民衆の固有信仰にあくまでも上から付加されたものであって、民衆的な『根』から自生したものではないのではないでしょうか。かりに琉球弧に生きる人々の祖霊信仰には仏教の教えと親和的な要素が少なからず存在したとしてもです」（二一六頁）と上村さんは指摘しています。

沖縄仏教史の研究書として、もっともまとまった著作は、波の上護国寺の名幸芳章さん（故人）の『沖縄佛教史』（一九六八年刊）で、それによると宗派不明の禅鑑僧侶が、那覇に漂着して、浦添にあった城の近くに極楽寺を開いたのが、仏教伝来の最初だとされています。禅鑑僧侶の国籍も不明だが、時代は英祖王のころ（一二六〇—一二九九年）とされております。中国暦では南宋末から元朝初期であり、英祖は元朝の入貢督促の使者を最初断り、四年後の再督促でも応じなかったので、元は百三十人の琉球人を捕虜にして引き上げたという。このことについて名幸さんは「元の国としてはすでに琉球の国情を十分に調査し承知しているので入貢せよとの使臣を派遣する事が出来たわけで、従って南宋時代頃には琉支の間に民間としての交通がよく開け、宋や元の人達が琉球と往来していたことになる」と解説しています。

古代中国との冊封関係は、時代の上限がかなりさかのぼるようで、しかも公的な冊封以前に民間の交易関係がかなりすすんでいた形跡があります。島々では今日まで中国を指して「唐」と呼びます。「トーヌユーカラヤマトゥヌユー（唐の世から大和の世）」は、いまでも世替わりの象徴的表現として大衆に親しまれています。

ご承知のように仏教は北インド発祥、中国経由、アジア諸国伝播です。中国では唐代の政策的保護による普及がよく知られています。さて、それでは千年余の関係で、古代中国の文化的影響はどうだったのか。中国には易経（五経の一つ、天地占いによる吉凶判断）、道教（黄帝、老子、荘子の自然同化思想・仙人）、儒教（孔子の社会秩序思想）と、各民族の習俗的宗教が混在するわけですが、それらの伝播はなかったのか。

じつは宮古島の最初の歴史書『宮古島記事仕次』をまとめた友利大主は、砂川双紙という農耕に関する占い書を書いたといわれています。つまり易経の影響です。また、唐の神を祀っていると伝える大泊（宮古久松）御嶽は、宝貝の採集と関連して殷や秦代にもつながるかもしれないという見方もあります。予言者としていまも伝えられるクマラパーズも呪術者（易占）として知られています。こうして島々の御嶽の神々の由来を辿ると、自然信仰と祖霊信仰が外来の宗教思想とミックスしながら、御嶽の神信仰を成り立たせていることが見えてきます。ただし、岡本恵徳さん（故人）が、島共同体の特質として指摘した「水平軸」の関係性が社会的規範としては強くはたらくために、垂直軸としての村々の宗教観念は閉塞的な構造になり、個別化しています。つまり道ひとつ隔てた隣村の信仰するウタキの神は界を異にするわけです。

島々のこうした宗教感の根をいくら降りても、思想的に汲み出せるのは、自然信仰と祖霊信仰の枠内であり、現代の思想が課題とする宗教哲学の彼方へ想念を解放するのはむつかしいのです。島々の非論理の世界にあえて論理で迫るとすれば、宗教思想として普遍的な論理を獲得した思惟（易経、道教、儒教、仏教、キリスト教）に学ばなければなりません。「慈悲」という漢字に何かを託そうとしたのは、単なる仏教帰りではなく、苦し紛れのイメージを概念化しようとした結果だと了解してください。

3

島のまた島、宮古島という地に生を承け、沖縄という歴史の宿痾を背負ったということが、ともあれ私の器の型を象ったということであり、器の容量をわずかでも大きくしたいと努めているうちに、つい、アジアという滅相もない課題にぶつかり、大河に身投げしてしまったようです。

「アジア」という概念は、いまだに不明確ですが、私的にはいちおうの整理をしているつもりです。上村さんは、私のアジア概念を仏教圏と等値と解釈したようですが、そうでもありません。その基準は①古代中国皇帝が敷いた国内体制の爵位制度が、周辺諸国に適応される過程で、冊封体制が築かれ、明時代にもっとも拡大した。その範囲。②漢字を基礎とする書きことばの影響した範囲。③中国の道教・儒教の影響を受けた範囲。④インド発祥の仏教が漢字を媒体にして普及した範囲。⑤マルクスが「アジア的生産様式」としてイメージした範囲、この五点を基礎円周にして、アジアの広がりをいちおう理解する、という整理の仕方です。そうすると軸足は「東アジア」に重点を置きます。

違いを立てて研究をすすめればアジアという概念はバラバラになるでしょう。しかし、岡倉天心が美術文化を通して「アジアは一つ」といった想念は、新たな切り口から見直さなければならない課題だと思います。「違い」という認識の基礎は、大方「無知」で占められている。アジア諸国の直面する危機的な関係の破綻を防ぐうえでも、アジアとの関係史を再認識するところからしか、日本の変則的な外交政策も変革できないのではないでしょうか。明治から昭和前期にかけて、日本の対アジア関係の位置の取り方は複雑です。阿片戦争のころまでは、西洋植民地侵略に対する「アジアの危機」という情勢把握で、中国に対する運命共同体的な思想が読み取れます。しかし、一方ではダメな友人とは縁を切って、単独で欧化するという福澤諭吉の考え方が国家の進路を定めました。縁を切るだけならまだしも、阿片戦争を仕掛けたイギリスを真似て、植民地侵略の情けない戦争にのめってしまいました。それでも孫文の辛亥革命までは、宮崎滔天や北一輝らのように、中国の革命のために尽くすという発想も実践されていたのです。しかし、軍部独裁のもとで、他民族国家への蔑視と敵視だけが日本ナショナリズムの根幹となり、結局は破滅への道を辿ったのでした。日本近代化の過程で、地下水脈に埋葬された左翼・右翼の思想を再検証することで、アジア諸国が直面する危機を回避する道を開かなければ、基地の重圧に呻く沖縄に未来はない、というのが概念も定まらないアジアへの関心だったと振り返っています。

4

上村さんがまず真っ先に拘ったのは、「慈悲」ということばですが、慈悲はもともと仏教の思想を漢語に移した概念だろうと理解しています。憲法私案の前文は私の「詩的」エキサイトです。すこし説明しますと、権力や軍備に依存して滅びた、までは当たり前の歴史認識ですから、別に問題にならないでしょう。ただ「神によったものたちは神に滅び」は、物言いのつきそうなきわどい表現です。ここは神を騙る権威への自発的隷従と捉えれば、かつての天皇制とも関連し、あるいはヨーロッパ中世にも広げて解釈できると思います。神の存在・非在とは関係のない位置での発言です。「人間によったものたちは人間に滅び」は、「神は死んだ」以降の西洋思想の過剰な「人間主義」が、自然の秩序を無視し、すべてを人間の都合だけで資源化し、科学主義を増長させたことへの警告であり、直面する情況の行く先を危ぶんだことばです。

「愛によったものたちは愛に滅んだ」、ここは友人のキリスト教宣教師から、もっとも激しく異論のあった言い分です。「愛」こそが人類至上の理念であって、神の愛・キリストの愛に目覚めないからこそ人類の不幸な歴史が続いてきたのだ、愛によって滅びたとは何ごとかというのが異論でした。彼に対して私の言い分が通じたかどうかわかりませんが、私の理解は次のような筋です。

愛には情念に結びつきやすいカルマが付随している。愛を受け入れてくれないと侮蔑、軽蔑、憎悪、無関心、排斥といった〈反愛〉の情念が沸き上がってくる。愛が正義や神と結びつくときは、他者は野蛮・無知として否定され、排除されます。国を愛すると敵国をやっつけろ、というナショナリズムに足をすくわれる。民族への過剰な愛は、民族優生学とつるんでユダヤ人虐殺のヒットラーに興奮する。沖縄戦で十字を切って突撃した兵士たちは家族や国への愛を神に誓って人殺しをやった。十字軍も神の愛を掲げて戦争した。愛が精神・魂の領域に軸足を置いているときは、なるほど神の御心にも近いだろうが、残念ながら愛の軸足はつねに情念・心に傾く。そのために愛によるものは愛に滅ぶのです。

それでは慈悲はどうなのか。慈悲の反語はおそらく「無慈悲」であろう。無慈悲は情けがない、酷薄だと解釈されています。しかし慈悲は良きカルマとして受け継がれてきています。そのために何かのきっかけで無慈悲になったような場合でも、慈悲はすぐさま復活してくるのです。

仏教で「衣裏繋珠」(法華経)という喩え話があります。放浪癖の友人が、ある裕福な友人のところへ久々に訪ねてきた。旅先での苦労話など一緒に語り合いながら酒を飲んだ。裕福な友人は商用で旅に出なければならない。放浪癖の友人も、酒が覚めたらまた何処かへ旅立つだろう。放浪先で友人が困らないよう、彼が寝ているあいだに、襟の裏に一生涯贅沢しても十分な高価な宝石を縫い込んで、裕福な友人は旅に出た。それから何年かたって落ちぶれ果てた友人がまた訪ねてきた。あの宝石は活用しなかったのかと問うと、いっこうに気がつかなかったという。あらためて襟裏の宝石に驚き、友人の思いやりに頭を垂れていた、という。この襟裏に縫い込まれた宝石こそ、釈迦の説く慈悲そのものであり「いのち」ではないか、というのが私の理解です。

宗教が説教のために方便化して、宗派に分かれ、思想を主義化してしまった結果を見るのではなく、宗教思想の原質に謙虚に向かうことを心がけたとき、普遍的な視野が開けてくるように思います。クリュシュナムルティーや釈迦、老子、荘子らの思念に虚心に向き合うとき、宗派的こだわりは雲散霧消します。そして幼少期に村のウタキへ入ったときのピュアーな魂の状態が目覚めてきます。つまり、根源に向かうと共同体の特殊性も、普遍的宗教の思想も一つに融和するということでしょう。

先ほども触れましたように島々の宗教感（観）を自分なりに検討し、思想の普遍性ににじり寄ろうとした結果が「慈悲」という古着だったということです。くり返すようですが足下を忘れたわけではなく、行為を促す意志は、愛・憎を超えた慈悲という概念に託すしか表わしようがない、と納得したのです。

島々における共同体の在り方について考えていたころ、去来した想念はこうです。まず村々に遺制として痕跡を残す「結い」や、国頭村奥の共産制に、社会集団としての理念的片鱗を垣間見た思いがしました。村々に残る相互扶助の慣習は、都市生活者が見失ってしまった小集団の関係性の持ち方です。その関係性を支えている人々の内実はどのような精神構造になっているのか（相変わらず日本語の習得が不十分で上下袴の言葉ですが）、とにかくその課題を解こうと、自分の小さな器に河の水を汲んでいたのです。

結論らしきところにいきついたのは、ひとつには厳しい自然との関係、それを乗り越えるための知恵、そこから発生したウタキ（御嶽）信仰です。村々は、民俗学者の仲松弥秀さん（故人）が説くようにウタキの神さまをクサテ（腰当て）にして、和を保ってきたようです。その和のなかから「チムグリサン」という日本語に翻訳不可能としか思えないことばが生み出されています。あえて翻訳しようとすると「肝苦しい」となり、胸が痛むのか腹が痛むのか訳のわからないことばになります。宮古語では「キスムダラーサ」となりますが、これも直訳すると「肝を垂れさせる」となって、ニュアンスが失われてしまいます。この「チムグリサ」「キスムダラーサ」こそ、まさに慈悲の心に相当する概念です。祖霊信仰もニライ・カナイ信仰も「チムグリサン」、「キスムダラーサ」の心根に支えられていると理解し、普遍的意味として伝達するために仏教語の「慈悲」という表現に行き着いたわけです。ですから足下を忘れて安易に仏教的知識に便乗したということでもないと思っています。

また、日本の江戸時代の、ヤクザ母子の人情劇芝居をみながら、もの思いに引き込まれたことがあります。母親を見捨てて、ヤクザの道に踏み込んだドラ息子が、人を殺めて追われ、落ちぶれた母親の元へ逃げ込んできます。母親は長年の心情が一気に噴き出し、恨みやら懐かしさやら、母性の本能にまつわるさまざまな感情で、どう対応していいかわからない。ただ訳のわからない涙があふれてくるだけ。しかしその激情を溶かすように湧いてくる感情と精神の交差点に、ことばにならない判断が働いてきます。その判断に慈悲という概念をあてはめたとき、普遍性へ開けそうな思いがしたのです。慈悲を根幹に据えたとき、環境問題にも戦争という巨大暴力にも、社会的種々の犯罪にも、それを抑制し、解消する非暴力の方法が見つかるのではないか、という非現実的かもしれない夢をみようとしたのが作文の動機ということです。

なお、琉球独立論に関しては、「新沖縄文学」五十三号の特集「沖縄にこだわる――独立論の系譜」で、「独立論の位相――ナショナリズムの敗北を超えて」という小論を書いています。また、仏教思想についての私の理解の程度は、雑誌「情況」（第4期二〇一四年三・四月号、五・六月号）に、吉本隆明の「仏教論集」を読んで、と副題して書いていますのでご参考までに。なお、中村元については『仏教語大辞典』（東京書籍刊）アジアの思惟方法など勉強させてもらっています。

6

「共生と共死」、このことばは発言したときから、顔を背けられ、天皇制下で軍隊が国民に強制した用語の復活ではないか、と批判されました。

ひとつの時代状況を背景として、自己の立ち位置を表現し、主張するのは意味のあることか。第二次世界大戦当時の世界の大方の知識人たちの立ち位置や主張を考えてみる。すると巨視的にみれば時代に踊らされていただけかもしれないという不安が起きてきます。その亡霊たちが現在に現われて、自己弁明を展開したらどうなるか。イデオロギーの砂漠になるに決まっている。

知識人は書きことばを残すために、ことばは本人の意志から独立して社会的存在となる。たとえば、私が一九五〇年代に書いたもの、あるいは六〇、七〇年代に書いたものなど、それは、その時代の状況に私がどういうスタンスで向かい、どういう思想で対処しようとしていたか、またどういう書物を読み、どういうヒントを得て、精神の階段を何段あたりまで上っていたかの証拠物件です。

時代の変遷とともに、それらは私にとっては過去形となるが、その軌跡がのちの世代にどう読まれるのか、その読解についてとやかく私が弁明すべきものではないと思います。刺身にされようがフライにされようが、すでにまな板の上の鯉です。それに対して読みが違うとか、批判や恫喝的対処をすべきではないと言うのが私の信条です。教条的な主張を一貫させるのが節を曲げない、つまり転向しない思想だと英雄化された時代がありました。しかしそれは沖縄の明治時代の頑固党とどれほどの違いがあるのでしょうか。時代はすでに変わっているのに、何年たっても思考が変化せず、主義・主張となって頑固に居座っているとしたら、それは思考の怠慢であり、思想の死であろう。

「時の波に乗る」という便乗主義と、時代状況の先を読み、その変化への対応を考察することとは大きな違いがあります。死者は語らず、民衆は書きことばを残さないから、状況の移り変わりに応じて、その内実を隠し、カムフラージュして、カメレオンよろしく生き抜きます。しかし文字を残す仲間に入ったものはすでに民衆ではありません。そのため過去の思考についても問題にされたりするわけですが、必要な弁明の範囲にとどめるべきだと思っています。かつて復帰問題をめぐり、少し意地になって、後輩のすぐれた詩人・思想家の伊礼孝（故人）と論議したことがありました。（吉原公一郎編『本土復帰の幻想』一九六八年、三一書房刊）

彼にはかなり深刻な思いをさせたようで、それ以後、後輩からの批判等については、反論せず栄養分だけを吸収するという姿勢をとってきました。友利雅人（故人）、上原生男（故人）の論評に対しても、その姿勢で対応してきたので、彼らも死の寸前まで日常的には一緒に酒を飲み、語り合ってきたのです。島的な人間関係の維持です。死の一週間ほど前、友利君は深刻な悩みを打ち明けながら、一緒に昼飯を食べましたが、自殺を図るまで追い込まれているとは思いませんでした。帰りに「これでも読んで気持ちを立て直せよ」といって、バグワン・シュリ・ラジニーシの『般若心経講話』を持たせたが、それを読んだかどうかもわかりません。友利君の論評については、仲里効さんが深い読み解きをしています。

共同体については、制度的に迫るか、文学的に迫るかで切り込みが違ってきますが、島・共同体という閉鎖社会では、共生と強制、矯正・強請・嬌声など負と正のエートスがナマに現われます。そのなかから正の軸にスタンスをおいて、島の未来を開きたいと考えていたのが、岡本や私であり、復帰運動に見られた島社会的集団化の負の思想と関連させて、共同体の暗部をえぐり出そうとしたのが友利君の問題意識だったと見ています。どちらも共同体や島社会を考えるうえでは必要なことだと考えております。「共生」は希望的修辞です。理念としての島社会のあり方をさぐる思考のプロセスです。

「共死」は沖縄戦のとき、慶良間諸島で起きた集団自決の心位と、各国との敵対関係を強制された基地のもとでの存在、さらに沖縄、ベトナム、カンボジア、アフガニスタンなど狭間におかれた諸地域における生存の危うさ、原子力のもつ破壊性、人工的細菌兵器、現代のテロをふくめた無差別殺戮、都市化した社会の電気、水道、交通網のあり方など、社会の現実が「共死」を強いる条件を張り巡らしているという認識に立っています。「共死」を軸に考えたとき、恣意的条件に左右される集団としての生死の枠取りが見えてきます。生と死の問題を個人に限定して考えるのは過去、あるいは当為の時代における問題であり、現代は「共死」という視点から情況を考える必要があると痛感したからです。

　この手の文章はなんだか弁明がましいような感じがしますので止めます。回答になるかならないかわかりませんが、ごめんなさい。上村さんのますますの精進とご健筆を祈ります。

（付・資料）

＊二〇一四年七月十二日（那覇市とまりん）にて『琉球共和社会憲法の潜勢力』をめぐるシン

ポ。

パネリスト＝大田昌秀、仲宗根勇、長元朝浩、三木健、大田静男、山城博、高良勉、丸川哲史、コーディネーター＝仲里効。

言葉の通り雨

通り雨は風向き次第。どこから降ってくるのか、
いきなり降り出して物陰に逃げたらもう晴れている。
ことばの通り雨も、一瞬の隙に何処かへ消える。
頭が濡れているうちに、急いでノートしておくしかない。
通り雨は気まぐれだから、論理的整合性など無視する。
ただ土を湿らせ、草木を生気づかせることだけは間違いない。

＊（各パネラーの発言を契機に、私に去来する想念は、横っ飛びしていく。以下、会場で想念の通り雨をメモしたもの）

＊関連して考えているのは、個人の思想はともかく、国家・社会という制度や組織は制度的老化をきたしています。したがって制度の解体の必要性をどこまで認識するか、そして解体は可能か、どういう方法で、どういう手順で進めるか、そこから先が実践的課題として論じられる必要があると思います。

＊われわれの世代的責任を限定するならば、資本主義とその上部構造としての国民国家の解体をどこから手をつけるか、そこまでが課題であり解体後の再建、リフォームのイメージは後世にゆだねるしかないと思います。その点、琉球共和社会憲法案は勇み足でしょう。後世の創造性への信頼をもつことが大事です。

＊時代の課題が「解体」ということであれば、次世代の想念の自由を妨げないよう完全空き地を用意することです。空き地を畑にするか、公園にするか、ミサイル基地にするか、それは次世代が決めること。解体の思想はいわば白蟻の思想であり、矛盾を顕わにした制度および思想を食い破る作業だと思います。

＊今日、国家制度の外で自分の生存を成り立たせることは不可能です。ただし個人の想念は国

家制度の空き地で、自在に繁茂します。それはまさに国民に非ず、世界市民・宇宙市民としての想念ではないでしょうか。その想念を鍛えて大空を羽ばたかせよ、それが想念の自由であり、真の自由とは想念の領域における問題だと考えています。

＊国家と統治は切り離せないものと考えますと、想念の自由性は自ずから拘束を受けます。未来を構想しても、国家という概念の土台石や杭が頭に遺ったままですから、窮極には世界連邦国家というイメージにしか行き着けません。しかし、『ユダヤ賢者の書』の気味悪い予言や、イルミナティーとかフリーメーソンとか〈闇の権力〉の世界帝国主義構想という情報に触れてしまったら、世界連邦政府というイメージに、安易に夢を仮託するわけにもいきません。（デーヴィッド・アイク著／太田龍訳『大いなる秘密　世界超黒幕』他）国家と法は一体という既成の概念から離陸しないと、集団の秩序と自主統治のイメージが像を結ばないのです。その点、既成統治機関の一切廃棄などというのは幻想の彼方であり、想念の領域における「つらい自由」（孫歌さんのことば）の表現でしょう。C試案に対して、F試案（仲宗根勇起草）がリアリティーをもっと感受されるのは、読む方が既成概念の修正の先に世界像を描いているからだと思います。

＊質問、「憲法案では『日本国に見切りをつける』とありますね。あなたは『琉球独立派』で

すか。」

答え、「琉球独立」を唱える人々に、よく見られる傾向は体制の矛盾にたいする異議を、理性とか知性に結びつけるよりも、感情の領域に結びつける例が多いことです。その先には理由はともあれ、種族・民族、地域主義、国民・国家主義などの思想的閉塞が待ち構えていると見ています。「琉球独立」の発想にもその負の要素がつきまとっており、小さく閉じていく保守の思想にしかならないのではないかと危惧をもつのです。知性や理性の波動帯からみれば、偏屈で不純な思考になっており、理念の波動帯に同調していない例が多く見られます。理念の波動帯ではただ開く、開きのスタンスをくずさないことが必要だと考えています。

島共同体の集団的結束に一理あることは否定できませんが、慣習法の本質もまた弱者分離と排除の論理を秘めていることに気づかなければなりません。また私有を基本とする社会では、体制に対して「反対という賛同者」と「守れという賛同者」に分かれているだけで、国家の暴力体制の外へ逸脱して、自在の空き地を獲得しようとする思想帯で同調できる人種はそう多くはありません。体制的あるいは反体制的「主義」の暴力の仕組みから、いかにして想念の自由を解放するか。状況及び体験の祖述と解釈から、いかにして思想表現へと飛躍するか、そこのあたりが問題のように思えます。

イデオロギー(主義)は現実行為の集団化を追究する、そして確実に理念から脱線する。戦略や戦術が実践過程では重視され、理念はいつの間にか逆立ちして、日本赤軍の浅間山荘籠城へと向かう。同じ志で行動している同志を疑心暗鬼で裏切り者に仕立て、理念の基礎となる倫理を見失ってしまいます。

国家の制度の矛盾に異議を唱えることと、多数派の国民（本土人）への反感とは厳密に識別しなければなりません。琉球独立を主張する人々のなかには、日米国家の結託による、過度の抑圧に対する憤りから、許された範囲で日常を享受する「日本人」にも反感をもち、いきおいそれを正当化します。しかし、明治以降の日本の歴史を振り返るとき、「リキジン」と「琉球人」に違いはあるでしょう。しかし、明治以降の日本の歴史を振り返るとき、「日本人」と「琉球人」とか「中国人」、「朝鮮人」とか冠をつけることで、民族的差別を政治手段にされたのは体験としてわかっていることです。被害者の立場から、その歴史的責任の所在を追究し、過ちを正すことは大切です。ただし、「チョウーセナー」、「チャンコロ」といった帝国主義者の発想と感性を踏襲するような「ヤマトゥ」とか「ナイチャー」という逆差別は無意味です。たとえ韓国、中国から侵略国の日本を批判する場合でも、それがかつての侵略者の発想と感性を逆に踏襲しているだけなら、どこの思想であろうと思想的には無意味です。〇〇人とか〇〇民族といった冠つきの判断ではなく、制度への異議と個々人の思想への異議を明確に区別すること。制度の壁を突き破って民衆の生活原理に乗っ取った思想の連帯を広げるために、個々人の思想に焦点を当てること。そうすると沖縄内部にも、見切りをつけるしかない反動的思想が渦巻いていることが認識されるはずです。その沖縄内部の反動的思想をどう解体するか、むしろそれが先決だと思います。

量子力学や新興宗教などには、よく「波動」ということばが使われます。知識や知性の波動帯では、世界のネットワーク形成が可能だということが最近では主張されています。ましてや「本土人」「中国人」「韓国人」などアジア共通の文化基盤をつくり、何千年もの歴史を経てきたところで、思想の波動帯における共通項が見出せないはずはありません。琉球から一切の軍事基地を撤退させ、非武装地帯にする、それが沖縄戦の体験を基礎に立てられた理念であり、その実現に向けた戦略として、東アジア共同体構想や、黒潮ロード憲法、越境憲法、さらに琉球独立などいくつかの選択肢が提案されているのです。

権力の習性は、愚盲へ擦り寄り、理を見失い、堕ちていくもの。その支配のもとで人々は無意識に自発的隷従の慣習を身につける。それが思想の届かない擬制民主主義の醜悪な実体だと考えています。その点、現在の代議制民主主義は理念になりえない。欲得の目を輝かせたものたちが、利権を争うだけで選挙という擬制を正当化しています。制度的統治の理念を求めるとすれば、古代中国の黄帝、堯、舜や日本の聖徳太子あたりに求めるべきかもしれません。統治権者は聖格を前提とする。聖格者は千の耳をもつ。建議は衆知を基本とし、衆知は生活と倫理の基本調和に拠る。統治者は大器でなければならない。曲学阿世の徒が曲学阿世の徒を野次っているようでは漫談にもならない。天の上に人を造らずというが、天の上に造られた人（聖人）こそが統治の資格をもつ。聖人には救済というボランティア、人のため、世のためという奉仕の精神があるだけ。人間の社会集団化には秩序は必要、だとすれば上からの権力統治ではなく、下からの恭順・同意の秩序であって欲しい。

高給官僚や名誉、権利を保障された議員たちには、自分を大器だと思い込んでいる人種が多い。湯飲み茶碗でしかないのに、おれは盥だと宣伝し、そのうちに欲と思い込みが肥大して漫画的な振る舞いを演じてしまう。水は器の分しか容れられないから、盥分の水を容れると湯飲み茶碗はあふれてしまう。これを無駄という。高給と地位を保障された今日の政治家はほとんどが無駄な器でしかないのです。

民衆は統治者の権欲過剰には古代からテロで応えている。毒ふぐ、毒草、毒酒。古代には弱者から強者個人へがテロ対象だった。ただし現代はテロの手段が拡大した。イギリスの阿片、ヘロインから、細菌兵器、無人機、ミサイルまですなわち統治権者も弱者集団も無差別にテロ対象となっている。今日では、かつての弱者による窮極の抵抗手段まで国家権力にかすめ取られてしまった。テロを正当化できるのは国家権力者だけです。

＊自分の書いたものをふりかえると、一九五〇年代は、土地闘争と戦後文学観の立て直し、六

〇年代は東西冷戦下におけるイデオロギー選択の訓練および復帰運動と国家とは何か。七〇年代は近代国民国家への原理的疑問、日本戦後国家の制度矛盾への批判、八〇年代以降は現代国民国家を解体する方法とその彼方におぼろげな理念の共同体を夢見る、という課題を追ってきた足跡がみえます。そこまでが私の時代対応の証拠碑だとみています。読み・書くという行為は、個室における自己自身とのマンツーマンの魂の対話衝動です。釈迦や老子・キリストは一時に「衆生」とマンツーマンで対応しました。だが凡人のマンツーマンは聞き手がいるかいないか、空っぽの独り言です。

過剰な意識に振り回されて、主義・主張に飛躍していくのを警戒しなければいけません。学者でもない雑学の徒は、たとえば「アジア」といっても、自分流のイメージで貧しい知識の断片を繋ぎ、それでおぼろげな概念を立てているだけのことだと思います。世の中をひっくり返すという若いころの幻想は、人間の成長過程として自然な成り行きでしょうが、精神の階梯を登るごとに、自己という器のあり方が認識されてきます。島の恵まれない教育環境の負の条件を、取り戻そうと石川啄木から島崎藤村だ、島尾敏雄だ、埴谷雄高だ、吉本隆明だと自意識の過剰を追い、マルクス、レーニンだ、フロイト、ユングだ、カフカやサルトルだ、そして釈迦、老子だと思索の階層を乗り越え、手触りの確かな思想を自分のものにしたいと足掻いてきただけの話だと振り返っています。

＊学問によって知識の領域を開拓していくと、「知恵」のありかが見えてきます。知恵は三次元世界における分別・差別を判断する恵みです。体験によって知得の領域を重ねていくと「智」の位相が見えてきます。「智」は知が日の光の明晰さによって審級されたもの。すなわち神仏の想いに適ったものだと理解しています。つまり四次元から上へ跳躍する想念のリアリティーです。情念を離れ、魂に寄り添う方法を修練し、思想を訓練していくと「明」とか「不可視の光」の所在が触れられてくるように思います。明は日と月が合体して、存在世界認識を明らかにすること。陽と陰、光と闇、プラスとマイナス、雄と雌。その合体するところは「空」「ゼロ」です。すなわち陰陽和合の「空」、「ゼロ」とは存在の根源的原理。「空」＝「ゼロ」の認知こそ「明」なり。「明」は瞑想のプロセスで感知される不思議な「光世界」です。異場の思念が成り立つところ。非科学の境地です。

人はテレビと同じ受信装置であり、またキー局と同じ発信装置でもあります。宇宙はあらゆる波動・エネルギーの巨大貯金箱です。私がカルマを生きるということは、貯金を下ろし、同時に貯金をすること。軍人は生物の暴力エネルギーの貯金を下ろし、集団化して貯金を浪費（戦争）します。菜食主義者は植物エネルギーの貯金を下ろし、詐欺師は歴代詐欺師のエネルギーの貯金を下ろす。アルコール依存症は人類文化で蓄積されてきた愛飲家のエネルギーを過剰に受信するから、意志に反して止められない。それぞれの受け取ったエネルギーを、正義、正当の名目のもとに人間集団は浪費する。浪費されたエネルギーはまた貯金箱へ。この時空間という巨大エネルギー貯金箱から、どのエネルギーに焦点をしぼって受信――すなわち貯金を下ろすか、それによって戦争世界も犯罪社会もそれぞれに招来されるのだと思念しています。すべては「正義」「真理」「……のために」と理由が立てられています。この宇宙的スケールの、生存の輪廻転生。人にとって飢渇をしのぐのは生存のための起点であり、心・情は種族存続の起点です。それは「天の道」に適えば慈悲に満ちています。しかし悟りへの道も生存する道も「大道無門」ですから、そこから悲喜劇が展開するのです。

思想の自立とは、現実的な相対関係の世界から、魂と精神の想念世界をいったん隔離することから始まると思っています。心・情の想念は情動を促し、情動は魂と精神の想念を障害し、混濁させます。小知小才、情動を離れて、神智の大道を求め、不羈の心位を定めよ。心・情を消尽して、精神の光炎を立てよ、それが私にとっての思想の自立です。

展望的あとがき　流動化への予感と根源への下降

仲里　効

論じる視点や論者の世代の違いをリレーして、六名・九本の論考が書き継がれたのはちょうど二年間ということになるが、その二年は沖縄にとっては五〇年を左右する内実をもった時間だったと言ってもけっして大げさな言い方にはならないだろう。川満信一とともに第一回目の掲載文を含む仲宗根勇の三本の論考は、図らずもこの間の沖縄をめぐる状況の変化を進行形で伝えていて興味深い。二人の論考はまた、連載の方向性をそのはじまりにおいて印しづけてもいる。

この二年の沖縄が直面した問題の核心点を象徴化して言えば、沖縄島を含む南西諸島の日米共同の軍事的要塞化が結節点を刻みながら深化していく過程であった。「抑止力」や「地政学的な優位性」を理由にしての「辺野古が唯一」を掲げ、東村高江のヘリパット建設と名護市辺野古沿岸部を埋め立てて新基地建設を強行する政府と、沖縄の政治史にかつてない幅をもった島ぐるみ的な結合を創りあげた沖縄の一般意思が正面から対峙していった。この対峙は名護市長選挙、県知事選挙、衆議院議員選挙、県議会議員選挙、参議院議員選挙などの選挙政治（そのすべての選挙で新基地建設に反対する勢力が勝利する）を間に挟み、国家暴力にさらされながらも、辺野古や高江の現場で持続的に取り組まれている大衆運動の現場から辺野古の埋め立てをめぐる国と県が裁判で争う法廷闘争までの裾野をもっていた。これらは相互に影響しあいながら沖縄をめぐる状況の構造と質を規定していったことは言うまでもないだろう。

一方、尖閣諸島（釣魚島）の「領有権」をめぐる対立をきっかけに、中国への脅威を過剰に煽り、国家の目によって「防衛の空白地帯」として名指された与那国への自衛隊配備を皮切りにして、八重山、宮古、奄美への自衛隊＝日本軍の配備計画が進められ、島の歴史と自然との共生の視点から粘り強い抵抗がなされている。

六名の論考にはこうした状況的な喫緊の課題、だが沖縄の未来の命運を決する問題を直接的か間接的かの違いがあるにしても、避けることなく意識して書かれている。言葉を換えて言い直すと、状況の緊迫した〝ただ今性〟とその背後の歴史や深層に測鉛を下ろして探訪した〝根源性〟への、いわばアクチュアリティとラディックスに迫ったものである。

第一部《「オール沖縄」の生成と変容》は、二〇一四年十一月の沖縄県知事選挙において翁長雄志知事を誕生させた「オール沖縄」の可能性と変容をその内側に密着し、裁判官の経験から法律の専門的知見と七〇年前後の転換期に〈反復帰論〉の論客の一人として、衰えることのない批評眼をもった仲宗根勇の三本の論考をアンカーに、八重山への自衛隊配備が人びとの生活や自然に何をもたらすかを自己史に重ねながら、軍隊と「もう一つの戦争」の記憶を振り返って問題点を指摘した八重洋一郎、沖縄と日本の関係を植民地主義の視点から解き明かしつつ沖縄に台頭した新たな主体形成への胎動などを論じた桃原一彦、そして沖縄への差別と排外主義的なまなざしの歴史的系譜を辿った宮平真弥の論考で構成されている。

第二部の《沖縄文化の根と飛翔のダイナミックス》は、川満信一が起草した「琉球共和社会憲法C私（試）案」の意義を複数の論者が論じた『琉球共和社会憲法の潜勢力』（川満信一・仲里効共編、二〇一四年、未來社）の執筆者の一人である上村忠男の、川満社会憲法の基調を染めている「慈悲」をめぐる問いかけに、自己の思想的遍歴と沖縄の時代の変遷を絡めて書いた川満信一の応答文と、同時代の熱と渦のなかから生み出された美術作品や映画や小説などを読み解き対位法的に論じた仲里の二本の論考から成る。

本書に収められた九本の論考によって、何がどのように浮かび上がってくるのかを、主に沖縄の主体の変革とかかわる問題系をまとめ直してみると、以下の四点の特徴を挙げることができるだろう。

第一に、日本政府の沖縄政策が沖縄の民意を省みず、警察、海上保安庁、防衛施設局などの国家暴力を動員して強行する姿勢に、沖縄への差別と継続する植民地主義を見たことであり、そのことは国家の沖縄政策にとどまることなく、国民意識のなかに根強く残り、沖縄ヘイトとして大衆運動に向けられたこと、第二に、かつてないアイデンティティへの関心の高まりをみせ、そのことが政治空間にせり上がってくるまでになったことや「オール沖縄」と呼ばれた島ぐるみ的な結合を生んだこと、第三に、与那国、八重山、宮古への自衛隊配備計画によって〈沖縄戦の記憶〉が呼び戻され、民衆にとって基地と軍隊の存在をあらためて考え直したこと、第四に、辺野古への新基地建設を柱にした日米の軍事再編への非暴力直接行動を通して、これまでの沖縄の戦後抵抗史を発見し学び直し、そしてそのことによって主体の変革へと赴き、日本の枠組みには収まらない、自治・自立から独立までの幅をもった〈沖縄独自の政治体〉の創出を模索しはじめたことなどである。

これらの四点は、相互に重なり、反照し合い、状況への浮力を形成した。いわば九本の論考はそれぞれ独自の力をもちながらも、その重なりと反照によって主体の変革をめぐる光景を多重露光し重層決定したということである。そしてその多重露光と重層決定の向こうの結び目に、読者は〝事のなかの事〟、〝時のなかの時〟とも言うべき基点にして起点と出会い直すことになるだろう。一九九五年九月に三名の米兵によって少女が拉致され強姦された事件である。少女への酷すぎる性暴力によってではあったが、〈一九九五〉はまさしく〝事のなかの事〟、〝時のなかの時〟となって人びとの心身に刻み込まれ、この島に生まれ、この島で暮らすことが避けられず晒される暴力への思考を促し続ける。

この事件は、「日本復帰」後もなお沖縄が終わらない占領状態にあることと、日常のなかの暴力への予感を浮かび上がらせた。そこからあらためて沖縄戦とは、米軍占領とは、日本復帰とは何かを問い返し、その構造に変わらない〝例外状態〟を看て取っていった。〝例外状態〟とは、日米安保条約が憲法の上位にあることとその矛盾の凝集点としての沖縄が位置していることにかかわる構造のことである。言い換えれば、日本国憲法の内部に取り込みつつ排除し／日本国憲法の外部に排除しつつ取り込んでいくコンディションを指すもので、たとえばそれは二〇〇四年八月の沖縄国際大学キャンパスへの普天間基地所属のCH—53型ヘリ墜落事件や、今年一月にやはり普天間基地所属の垂直離発着輸送機MV22オスプレイが東村安部の海岸に墜落した事故によって目の当たりにした、米軍の治外法権的な特権に現われている。

少女レイプ事件は、とりわけ沖縄の若い世代に衝撃を与えた。その衝撃からこれまで当たり前だと思っていた日常の風景に浸透する基地と軍隊の暴力へとまなざしを向け、そのことがまた「日本復帰」を根本から問い直すことへと促していった。そのまなざしの変革は、国家としての日本に自ら進んで同一化していった復帰運動の心情と論理を内側から批判し、踏み越えていった〈反復帰の思想〉を発見し直すことになった。そういった意味でも〈一九九五〉は、論者の問題意識にも流れ込んでいることは間違いない。

その〈反復帰論〉の論陣の中心にいた川満信一と仲宗根勇が本書に収めたリレー連載のはじ

まりを印したこと、そして本書の輪郭に少なくとも形を与える役割を担ったことは、七〇年前後の沖縄の激動期を知る者にとってはある種の感慨を覚えずにはいられない。しかし、むろんたんなる感慨にとどまることはない、その〝文の闘争〟はいまにおいてもなお生ま生ましい。そして何あろう、九五年以後の沖縄をめぐる問題構成にアクセントを打ち、沖縄の独自な政治体を構想していく可能性の原点にもなった二つの憲法を起草したのが、ほかならぬこの二人であった。

二つの憲法とは、川満信一が考案した「琉球共和社会憲法C私（試）案」であり、仲宗根勇が起草した「琉球共和国憲法F私（試）案」である。この憲法私（試）案は、一九八一年の「新沖縄文学」四八号（一九八一年六月）の《特集・琉球共和国へのかけ橋》のいわば柱になるもので、国家併合を下から代行した復帰運動の破産を「真の復帰」とか「完全復帰」という修辞で糊塗した擬制のリアリズムの浅瀬に安住する者たちからは、「あるハンブラー（半狂人）」の夢遊だとか、観念の自慰行為だとか、中傷され揶揄されもした。だが、この憲法構想のラディカルさは、〈反復帰論〉を日本との同化と系列化によって均一化していくポスト復帰の荒野に〈構成的権力〉として大胆に設営してみせたことである。まさに沖縄における擬制の終焉を告知したもので、それゆえにその後の沖縄の思想的営みにとって参照され続け、いまもなお止まるところを知らない。沖縄の思想と実践を展望するうえでは避けて通ることはできない理念の門になっている。

二つの憲法私(試)案は、過渡的に国家という形態をとるのか、たとえ過渡的であるにせよ、国家を作らないという違いはあったにしても、それまでの国家としての日本への帰属をめぐってなされた運動や理論のあり方を踏み越える思想的な膂力をもっていた。沖縄における主体の変革を、ある意味で世界共時的に拓いていった。近年、自己決定権への注目や連邦主義的な自治・自立構想や琉球民族独立総合学会の設立などの動向に、この二つの憲法私(試)案からのこだまを聴いたとしてもけっして過分な言い方にはならないはずだ。ただし、急いで言い足しておかなければならないのは、こうした自己決定権や自立・独立への注目が無防備とも言える肯定性を帯びてナショナルな沖縄へ自己同一化していくのに比べ、国家についての問いを突き詰め、考え抜いたという違いはやはり強調しておかなければならないだろう。〝困民〟と〝非国民〟の発明がそのことを物語っている。二つの憲法試案は、主権とは、領土とは、帰属とは、平等とは、解放とは、そしてなによりも国家とは何かを徹底して潜っているということにおいて、沖縄の思想のラディックスを表現していることは何度でも確認しておいてもよいだろう。いわば、沖縄の〈敗北の構造〉の要諦を審問することを通して、未成の政治体への旅程が書き込まれているということである。

ここでの構成的権力としての二つの憲法構想において問われたことは、本書においては未だ顕在化してはいないが、沖縄差別と脱植民地化、安保と基地撤去のあり方をめぐる決定的な差異（本土への「基地の引き取り／県外移設」をめぐる論争として現われている）にも、反響していくことは否めない。注意深い読者ならすでにそこに論争を誘発していく違いが存在することを見抜いていることだろう。

この二年間の沖縄をめぐる状況は、昨年末、翁長雄志知事が埋め立て承認の「取り消しの取り消し」によって、潮目が変わっていく様相を呈しつつあるようにも思える。この変容は流動化への予感にいっそうリアリティを与えていくことにもなるだろう。それは必ずしも負の側面として退けられるものではなく、批判力を欠き大勢に順応しつつある動向を臆することなく前景化し、問題の所在を明らかにしていく創造的行為として受け止めるべきだろう。問われているることは流動化をいかに転生へと赴かせることができるかどうかであり、その向こうに何を架橋するかにかかっている。

かつて詩人にして工作者は、『段々降りてゆく』よりほかないのだ。飛躍は主観的には生まれない。下部へ、下部へ、根へ根へ、花咲かぬ処へ、暗黒のみちるところへ、そこに万有の母がある。存在の原点がある。」（谷川雁「原点が存在する」）と地の底へと誘ったが、私たちもまたそのひそみに倣い、衒ってみせるべきだろうか。いや、そうではない。この島々の地霊から遙か遠方に架けていく理念をめぐる闘争にこそ原点を聴くべきだろう。

たとえばそれは「……自己権力を無限に下降させ、それをミクロ化してゆくことによって、それぞれの多数の〝無政の郷《コンミューン》〟を創出……」（「琉球共和国憲法F私（試）案」第九条コンメンタール）、そして「否、われわれの足はいまも焦土のうえにある」（「琉球共和社会憲法C私（試）案」前文）に装塡されている根源の力である。荒野に吹く風のような理念の流紋二つ。ただ、その流紋は降りてゆく者にのみ聴き取られるはずだ。

状況と格闘する九本の論考の熱と渦の背後に鳴っているのも実は、焦土の上に立ったときの足裏の感触と風のような理念の流紋であると思いたい。そこはまた死者たちのまなざしが住む邦でもある。風を言語に変えることはできないだろうか、一行の理念を下降することはできないだろうか、儚さと降りてゆく行為にこそ「万有の母」は存在するというものだ。沖縄の思想のラディックスとは、あの〈焦土〉と〈無政の郷〉へ降りてゆくこと、そこから立ち上がっていくこと、その往還する運動のうちに不断のはじまりを刻み込んでいく。そしてその下降と飛翔のダイナミックスに死者たちのまなざしのような理念は到来するはずだ。

沖縄が身を捩るようにして変わっていこうとするただなかで書き継がれた諸論考が、それぞれの論者の違いを残しながらも、根へと誘い、根からの問いとなってしばし立ち止まって考えさせてくれる鏡と窓であることを願ってやまない。

沖縄はいま、未知の領域へと踏み出していく。

■編者・執筆者略歴

仲宗根勇（なかそね・いさむ）
1941年、沖縄うるま市生まれ。東京大学法学部卒。うるま市具志川九条の会共同代表、うるま市「島ぐるみ会議」共同代表。元裁判官、評論家。著書に『沖縄少数派――その思想的遺言』『沖縄差別と闘う――悠久の自立を求めて』『聞け！オキナワの声――闘争現場に立つ元裁判官が辺野古新基地と憲法クーデターを斬る』。

仲里効（なかざと・いさお）
1947年、沖縄南大東島生まれ。法政大学卒。雑誌「EDGE」編集長を経て、映像・文化批評家。主要編著書に『オキナワ、イメージの縁（エッジ）』『フォトネシア――眼の回帰線・沖縄』『悲しき亜言語帯――沖縄・交差する植民地主義』『眼は巡歴する――沖縄とまなざしのポリティーク』などのほか、沖縄写真家シリーズ〈琉球烈像〉の編者もつとめる。

八重洋一郎（やえ・よういちろう）
1942年、石垣島生まれ。東京都立大学哲学科卒。詩人、評論家。詩集に『夕方村』（小野十三郎賞）、『沖縄料理考』『木漏陽日蝕』『太陽帆走』など。

桃原一彦（とうばる・かずひこ）
1968年、沖縄県南風原町生まれ。東洋大学大学院社会学研究科博士後期課程単位取得退学。現在、沖縄国際大学総合文化学部准教授。社会学、ポストコロニアル研究。共著書に『闘争する境界――復帰後世代の沖縄からの報告』『沖縄、脱植民地への胎動』など。

宮平真弥（みやひら・しんや）
1967年、那覇生まれ。法政大学卒。現在、流通経済大学法学部教授。日本近代法史。著書に『琉球独立への本標（ほんしるべ）――この111冊に見る日本の非道』、共著に『現代日本のガバナンス』など。

川満信一（かわみつ・しんいち）
1932年、宮古島生まれ。琉球大学国文科卒。詩人・評論家。元沖縄タイムス記者。編著書に『琉球共和社会憲法の潜勢力――群島・アジア・越境の思想』『沖縄・根からの問い』ほか。個人誌「カオスの貌」主宰。

【ポイエーシス叢書71】
沖縄思想のラディックス
二〇一七年二月二十八日　初版第一刷発行

定価……………本体二二〇〇円＋税
編者……………仲宗根勇・仲里効
発行所…………株式会社　未來社
東京都文京区小石川三―七―二
振替〇〇一七〇―三―八七三八五
電話　(03) 3814-5521
http://www.miraisha.co.jp/
info@miraisha.co.jp
発行者…………西谷能英
印刷・製本……萩原印刷

ISBN978-4-624-93281-7 C0310

ポイエーシス叢書

（消費税別）

1 起源と根源　カフカ・ベンヤミン・ハイデガー　小林康夫著　二八〇〇円
2 未完のポリフォニー　バフチンとロシア・アヴァンギャルド　桑野隆著　二八〇〇円
3 ポスト形而上学の思想　ユルゲン・ハーバーマス著／藤澤賢一郎・忽那敬三訳　二八〇〇円
4 知識人の裏切り　ジュリアン・バンダ著／宇京頼三訳　三二〇〇円
5 「意味」の地平へ　レヴィ＝ストロース、柳田国男、デュルケーム　川田稔著　一八〇〇円
6 巨人の肩の上で　法の社会理論と現代　河上倫逸著　二八〇〇円
7 無益にして不確実なるデカルト　ジャン＝フランソワ・ルヴェル著／飯塚勝久訳　一八〇〇円
8 タブローの解体　ゲーテ「親和力」を読む　水田恭平著　二五〇〇円
9 余分な人間　『収容所群島』をめぐる考察　クロード・ルフォール著／宇京頼三訳　二八〇〇円
10 本来性という隠語　ドイツ的なイデオロギーについて　テオドール・W・アドルノ著／笠原賢介訳　二五〇〇円
11 他者と共同体　湯浅博雄著　三五〇〇円
12 境界の思考　ジャベス・デリダ・ランボー　鈴村和成著　三五〇〇円
13 開かれた社会—開かれた宇宙　哲学者のライフワークについての対話　カール・R・ポパー、フランツ・クロイツァー／小河原誠訳　二〇〇〇円

15 討論的理性批判の冒険　ポパー哲学の新展開　小河原誠著　三二〇〇円
16 ニュー・クリティシズム以後の批評理論（上）　フランク・レントリッキア著／村山淳彦・福士久夫訳　四八〇〇円
17 ニュー・クリティシズム以後の批評理論（下）　フランク・レントリッキア著／村山淳彦・福士久夫訳　三八〇〇円
18 フィギュール　ジェラール・ジュネット著／平岡篤頼・松崎芳隆訳　三八〇〇円
19 ニュー・クリティシズムから脱構築へ　アメリカにおける構造主義とポスト構造主義の受容　アート・バーマン著／立崎秀和訳　六三〇〇円
21 スーパーセルフ　知られざる内なる力　イアン・ウィルソン著／池上良正・池上冨美子訳　二八〇〇円
22 歴史家と母たち　カルロ・ギンズブルグ論　上村忠男著　二八〇〇円
23 アウシュヴィッツと表象の限界　ソール・フリードランダー編／上村忠男・小沢弘明・岩崎稔訳　三二〇〇円
25 地上に尺度はあるか　非形而上学的倫理の根本諸規定　ウェルナー・マルクス著／上妻精・米田美智子訳　三八〇〇円
26 ガーダマーとの対話　解釈学・美学・実践哲学　ハンス＝ゲオルク・ガーダマー著／カルステン・ドゥット編／巻田悦郎訳　二二〇〇円
27 インファンス読解　ジャン＝フランソワ・リオタール著／小林康夫・竹森佳史ほか訳　二五〇〇円
28 身体　光と闇　石光泰夫著　三五〇〇円
29 マルティン・ハイデガー　伝記への途上で　フーゴ・オット著／北川東子・藤澤賢一郎・忽那敬三訳　五八〇〇円
30 よりよき世界を求めて　カール・R・ポパー著／小河原誠・蔭山泰之訳　三八〇〇円
31 ガーダマー自伝　哲学修業時代　ハンス＝ゲオルク・ガーダマー著／中村志朗訳　三五〇〇円
32 虚構の音楽　ワーグナーのフィギュール　フィリップ・ラクー＝ラバルト著／谷口博史訳　三五〇〇円

33 ヘテロトピアの思考　上村忠男著　二八〇〇円
34 夢と幻惑　ドイツ史とナチズムのドラマ　フリッツ・スターン著／檜山雅人訳　三八〇〇円
35 反復論序説　湯浅博雄著　二八〇〇円
36 経験としての詩　ツェラン・ヘルダーリン・ハイデガー　フィリップ・ラクー＝ラバルト著／谷口博史訳　三五〇〇円
37 アヴァンギャルドの時代　1910年-30年代　塚原史著　二五〇〇円
39 フレームワークの神話　科学と合理性の擁護　カール・R・ポパー著／M・A・ナッターノ編／ポパー哲学研究会訳　三八〇〇円
40 グローバリゼーションのなかのアジア　カルチュラル・スタディーズの現在　伊豫谷登士翁・酒井直樹・テッサ・モリス＝スズキ編　二五〇〇円
41 ハーバマスと公共圏　クレイグ・キャルホーン編／山本啓・新田滋訳　三五〇〇円
42 イメージのなかのヒトラー　アルヴィン・H・ローゼンフェルド著／金井和子訳　二四〇〇円
43 自由の経験　ジャン＝リュック・ナンシー著／澤田直訳　三五〇〇円
44 批判的合理主義の思想　蔭山泰之著　二八〇〇円
45 滞留［付／モーリス・ブランショ「私の死の瞬間」］　ジャック・デリダ著／湯浅博雄監訳　二〇〇〇円
46 パッション　ジャック・デリダ著／湯浅博雄訳　一八〇〇円
47 デリダと肯定の思考　カトリーヌ・マラブー編／高橋哲哉・増田一夫・高桑和巳監訳　四八〇〇円
48 接触と領有　ラテンアメリカにおける言説の政治　林みどり著　二四〇〇円
49 超越と横断　言説のヘテロトピアへ　上村忠男著　二八〇〇円

50移動の時代　旅からディアスポラへ　カレン・カプラン著／村山淳彦訳　三五〇〇円
51メタフラシス　ヘルダーリンの演劇　フィリップ・ラクー＝ラバルト著／高橋透・高橋はるみ訳　一八〇〇円
52コーラ　プラトンの場　ジャック・デリダ著／守中高明訳　一八〇〇円
53名前を救う　否定神学をめぐる複数の声　ジャック・デリダ著／小林康夫・西山雄二訳　一八〇〇円
54エコノミメーシス　ジャック・デリダ著／湯浅博雄・小森謙一郎訳　一八〇〇円
55私に触れるな　ノリ・メ・タンゲレ　ジャン＝リュック・ナンシー著／荻野厚志訳　二〇〇〇円
56無調のアンサンブル　上村忠男著　二八〇〇円
57メタ構想力　ヴィーコ・マルクス・アーレント　木前利秋著　二八〇〇円
58応答する呼びかけ　言葉の文学的次元から他者関係の次元へ　湯浅博雄著　二八〇〇円
59自由であることの苦しみ　ヘーゲル『法哲学』の再生　アクセル・ホネット著／島崎隆・明石英人・大河内泰樹・徳地真弥訳　二二〇〇円
60翻訳のポイエーシス　他者の詩学　湯浅博雄著　二二〇〇円
61理性の行方　ハーバーマスと批判理論　木前利秋著　三八〇〇円
62哲学を回避するアメリカ知識人　コーネル・ウェスト著／村山淳彦・堀智弘・権田建二訳　五八〇〇円
63赦すこと　赦し得ぬものと時効にかかり得ぬもの　ジャック・デリダ著／守中高明訳　一八〇〇円
64人間という仕事　フッサール、ブロック、オーウェルの抵抗のモラル　ホルヘ・センプルン著／小林康夫・大池惣太郎訳　一八〇〇円
65ピエタ　ボードレール　ミシェル・ドゥギー著／鈴木和彦訳　二二〇〇円

66 オペラ戦後文化論1　肉体の暗き運命 1945-1970　小林康夫著　二二〇〇円
67 反原子力の自然哲学　佐々木力著　三八〇〇円
68 信と知　たんなる理性の限界における「宗教」の二源泉　ジャック・デリダ著／湯浅博雄訳　近刊
69 最後のユダヤ人　ジャック・デリダ著／渡名喜庸哲訳　一八〇〇円
70 嘘の歴史　序説　ジャック・デリダ著／西山雄二訳　一八〇〇円
71 沖縄思想のラディックス　仲宗根勇・仲里効編　二二〇〇円

本書の関連書

琉球共和社会憲法の潜勢力　群島・アジア・越境の思想　川満信一・仲里効編　二六〇〇円
沖縄差別と闘う　悠久の自立を求めて　仲宗根勇著　一八〇〇円
聞け！オキナワの声　闘争現場に立つ元裁判官が辺野古新基地と憲法クーデターを斬る　仲宗根勇著　一七〇〇円
眼は巡歴する　沖縄とまなざしのポリティーク　仲里効著　二八〇〇円
悲しき亜言語帯　沖縄・交差する植民地主義　仲里効著　二八〇〇円
フォトネシア　眼の回帰線・沖縄　仲里効著　二六〇〇円
オキナワ、イメージの縁（エッジ）　仲里効著　二二〇〇円
闘争する境界　復帰後世代の沖縄からの報告　知念ウシ・與儀秀武・後田多敦・桃原一彦著　一八〇〇円
沖縄、脱植民地への胎動　知念ウシ・與儀秀武・桃原一彦・赤嶺ゆかり著　二二〇〇円

シランフーナー（知らんふり）の暴力　知念ウシ政治発言集　知念ウシ著　二二〇〇円
沖縄暴力論　西谷修・仲里効編　二四〇〇円
沖縄の記憶／日本の歴史　上村忠男編　二二〇〇円
「沖縄」に生きる思想　岡本恵徳批評集　岡本恵徳著　二六〇〇円
沖縄の自己決定権　地球の涙に虹がかかるまで　喜納昌吉著　一四〇〇円

＊

■沖縄写真家シリーズ〈琉球烈像〉

1 故郷は戦場だった　山田實　四八〇〇円
2 情民　比嘉康雄　四五〇〇円
3 光と陰の島　伊志嶺隆　四八〇〇円
4 地図にない村　大城弘明　三八〇〇円
5 FENCES, OKINAWA　石川真生　四八〇〇円
6 旅するシマ　嘉納辰彦　四八〇〇円
7 さよならアメリカ　森口豁　四五〇〇円
8 沖縄・奄美・吐噶喇 1974-1978　中平卓馬　五八〇〇円
9 camp OKINAWA　東松照明　四八〇〇円

＊

日の丸を視る目　石川真生写真集　四八〇〇円